Architectural Guid
Guía de arquitectu
Monterrey

Architectural Guide
Guía de arquitectura
Monterrey

Celia Esther Arredondo Zambrano
Carsten Krohn

A DOM
publishers

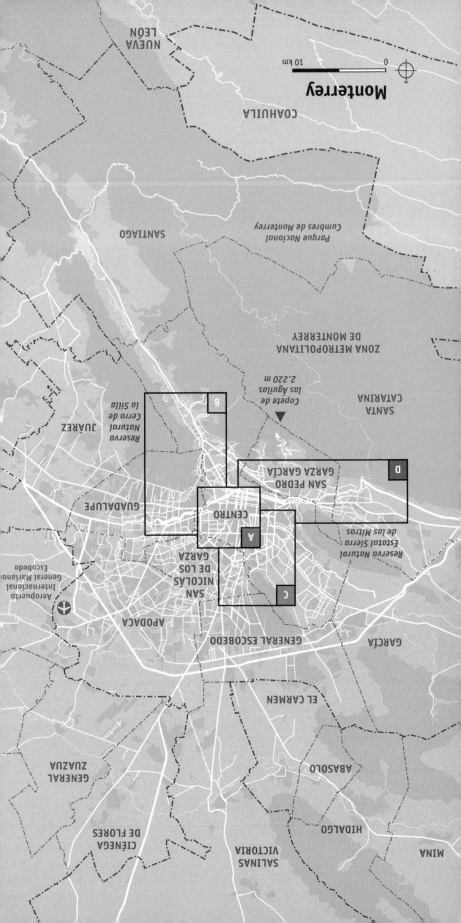

Monterrey

NUEVA LEÓN

COAHUILA

10 Km 0

Parque Nacional
Cumbres de Monterrey

SANTIAGO

ZONA METROPOLITANA
DE MONTERREY

Copete de
las Águilas
2.220 m ▼

SANTA
CATARINA

Reserva
Natural
Cerro de
la Silla

JUÁREZ

B

SAN PEDRO
GARZA GARCÍA

D

CENTRO

A

Reserva Natural
Estatal Sierra
de las Mitras

GUADALUPE

SAN
NICOLÁS
DE LOS
GARZA

C

Aeropuerto
Internacional
General Mariano
Escobedo

APODACA

GENERAL ESCOBEDO

GARCÍA

EL CARMEN

GENERAL
ZUAZUA

ABASOLO

CIÉNEGA
DE FLORES

SALINAS
VICTORIA

HIDALGO

MINA

Índice
Contents

CENTRO 20
El origen y una primera expansión
City Centre: Origin and First Expansion

ESTE 86
El este y la expansión al sudeste:
un lugar de esparcimiento
East Side and Southeast Expansion:
A Place of Leisure

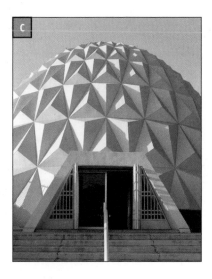

OBISPADO 122
El Obispado y la expansión
industrial al noroeste
Obispado and Northwest
Industrial Expansion

SAN PEDRO 160
El nuevo centro de negocios
y la expansión al sudoeste
San Pedro: New Business Centre
and Southwest Expansion

Vista panorámica de San Pedro/*Panoramic view of San Pedro*

Introducción
Introduction

Celia Esther Arredondo Zambrano

Monterrey, también conocida como «la sultana del norte», «la capital industrial de México» y «la ciudad de las montañas», es la tercera ciudad más grande del país. Está situada al nordeste de México, en el Valle de Extremadura, rodeada por la cordillera de la Sierra Madre y atravesada por el río Santa Catarina. Su paisaje fue descrito en 1649 por el capitán Alonso de León —primer cronista del Nuevo Reino de León— de esta manera: «Una cordillera corre en él casi de norte a sur, tan áspera, alta y doblada, que agrada a la vista... es de dar gracias a Dios por su belleza y forma». Además de su impresionante paisaje, la importancia de Monterrey radica en su prosperidad, considerada la tercera economía en el país después de Ciudad de México y el Estado de México. Pese a no tener sitios prehispánicos ni arquitectura colonial importante, se considera un centro comercial, industrial, educativo y de transporte, así como también una metrópolis cultural y de entretenimiento.

La ciudad tuvo tres fundaciones: la primera fue realizada por Alberto del Canto en 1577; la segunda tuvo lugar en 1582 a cargo de Luis Carvajal y de la Cueva y la tercera y última ocurrió en 1596 por don Diego de Montemayor, que proféticamente eligió el nombre de Ciudad Metropolitana de Nuestra Señora de Monterrey, en honor a don Gaspar de Zúñiga y Acevedo, conde de Monterrey en Galicia, España. La modesta aldea original basaba sus actividades en la agricultura y la ganadería, posibles gracias a los manantiales y el suelo fértil. Durante más de doscientos años mantuvo un sencillo trazado urbano, concentrado alrededor de la plaza principal, la plaza de Armas. Esta estaba rodeada por la iglesia y las casas reales —el palacio municipal—, en la zona conocida actualmente como el Barrio Antiguo. La ciudad apenas participó en la guerra de Independencia de 1810, por su distancia al centro del país. Sin embargo, jugó un papel importante en la invasión norteamericana de 1846, año en que el Obispado fue invadido. En 1864, casi veinte años después, Monterrey fue declarada temporalmente la capital de México por decreto de Benito Juárez, presidente desde el exilio, que estuvo refugiado brevemente en la ciudad. A finales de 1800, Monterrey comenzó a prosperar con la aparición de sus fábricas: la fábrica textil La Leona —surgida en el año 1874—, seguida por la Cervecería Cuauhtémoc en el año 1890, la Vidriera Monterrey y la Ladrillera Monterrey. El progreso económico fue apoyado tanto por empresarios privados como por el gobierno, especialmente durante la época conocida como el Porfiriato, y así lo demuestra la arquitectura producida durante este período. Monterrey siguió creciendo como un centro fabril, incluso después de la Revolución mexicana de 1910, y prosperó todavía más durante la Segunda Guerra Mundial, debido a su proximidad con Estados Unidos. Logró —en los años cincuenta y sesenta— ser reconocida a nivel nacional como una ciudad progresista e industrial, testigo de ello son los edificios comerciales, industriales, educativos y de oficinas de este período.

El Palacio del Obispado/*The Bishop's Palace near Monterrey*. Conrad Wise Chapman, 1865

Al ofrecer más oportunidades de trabajo, la ciudad comenzó a experimentar un aumento de su población, que pasó de los 186.000 habitantes en la década de los cuarenta a más de un millón en la década de los setenta. A finales del siglo XX, la industria perdió peso en la economía de Monterrey, que pasó de ser una capital industrial a una ciudad de cultura y servicios. En el siglo XXI, Monterrey se ha enfrentado con éxito a nuevos retos, tanto a nivel nacional como internacional, transformando su economía en una de servicios comerciales, financieros, de telecomunicaciones, salud y educación. Esta prosperidad estuvo acompañada por un nuevo crecimiento de la población y un crecimiento urbano significativo. En 1980, Monterrey tenía dos millones de habitantes en un área urbana de aproximadamente 12.000 hectáreas, y en el año 2015 creció a más de cuatro millones de habitantes en cerca de 100.000 hectáreas. El área urbana aumentó diez veces su tamaño en tan solo treinta y cinco años, y abarca actualmente 12 municipios, que constituyen una verdadera ciudad metropolitana. A pesar de este enorme crecimiento, la ciudad goza de uno de los más altos estándares de vida de México, y su población se considera educada y culta. Monterrey ofrece a sus habitantes una excelente calidad de vida, debido a su extraordinario sistema de salud y la variedad de oportunidades de trabajo. Su infraestructura está en constante crecimiento, y su área metropolitana cuenta con importantes oportunidades de negocios de carácter internacional, cumpliendo así con los requerimientos de una ciudad desarrollada y convirtiéndola en una de las mejores ciudades de México para hacer negocios. Importantes edificios corporativos, comerciales y complejos residenciales y de ocio surgieron junto al crecimiento y expansión de la ciudad.

La prosperidad de Monterrey refleja el trabajo y la valentía de sus fundadores, así como la perseverancia y coraje de los regiomontanos en la construcción de una ciudad a través del trabajo duro y la asunción de riesgos. Desde sus comienzos, la arquitectura ha desempeñado un papel crucial en el desarrollo de la ciudad, ya que evidencia la ambición de querer estar a la altura del resto del mundo. Sus construcciones denotan esta búsqueda, al seguir precedentes arquitectónicos incluso en los más modestos ejemplos, y al comisionar el diseño de los edificios más importantes a los mejores arquitectos, tanto a nivel nacional como internacional. La arquitectura no es solo una muestra de la transformación de esta ciudad, sino también una demostración de sus metas y aspiraciones.

La plaza de Armas de Monterrey. Anónimo, ca. 1850

Vista de Monterrey/*Panorama of Monterrey*. Eugenio Espino Barros, sin fecha/undated

> Monterrey, known as the Sultan of the North, the Industrial Capital of Mexico, and the City of Mountains, is the country's third-largest city. Located in northeastern Mexico, in El Valle de Extremadura, it is surrounded by the Sierra Madre mountain range beside the Santa Catarina River. Its extraordinary landscape is described by Captain Alonso de León, the first chronicler of the Nuevo Reino de León, who wrote in 1649: 'a mountain range runs – high, rugged, and bent – almost the entire way from north to south in a way that pleases the eye. Its beauty and form are a gift from God.' But its importance lies in its prosperity as well as its impressive landscape: it is considered the third-largest economy in the country after Mexico City and the State of Mexico. Although it has no pre-Hispanic sites or important colonial architecture, it is a commercial, industrial, educational, and transportation hub as well as a cultural and entertainment metropolis.

Monterrey's origins date back to the late-16th century. It was first founded by Alberto del Canto in 1577 and again, later, by Luis Carvajal y de la Cueva in 1582. The city's final foundation took place in 1596 by Don Diego de Montemayor, who prophetically named it 'Our Metropolitan City of Our Lady of Monterrey', in honour of Don Gaspar de Zúñiga y Acevedo, count of Monterrey in Galicia, Spain. The first modest hamlet based its activities in agriculture and livestock, provided by its natural springs and fertile soil. For over 200 years, it remained a simple urban setting centred around the Plaza de Armas (its main square), surrounded by the church and the Casas Reales (city hall) in the area now known as the Barrio Antiguo. The city barely participated in the Independence War of 1810, being so distant from the centre of the country. However, it did play an important role in the American Invasion of 1846, when the Obispado (Bishop's Palace) was occupied by the Americans. Almost 20 years later, in 1864, it was temporarily declared the capital of Mexico by decree of Benito Juárez, president-in-exile, who briefly took refuge in the city. By the end of the 1800s, Monterrey began to prosper, as its factories started to appear: the textile factory known as La Leona first appeared in 1874, followed in 1890 by the famous brewery Cervecería Cuauhtémoc, the glass factory Vidriera Monterrey, and the brick factory Ladrillera Monterrey. Its economic growth was supported by both private entrepreneurs and the state government, particularly during the era known as El Porfiriato, as shown by the architecture produced in this period. Even after the Mexican Revolution of 1910, Monterrey continued to grow as a manufacturing centre. During the Second World War, it thrived thanks to its proximity to the United States, achieving national recognition as a progressive and industrial city in the post-war decades of the 1950s and 1960s. Its educational, commercial, industrial, and office buildings of these decades stand as a testament to this phenomenon.

As Monterrey began to offer more labour opportunities, it experienced a population growth, from 186,000 inhabitants in the 1940s to over a million in the 1970s. By the end of the 20th century, as its industries became less central to its economy, Monterrey turned from an industrial capital into a city of culture and services. In the 21st century, it has been able to respond to new challenges both at the national and international level by transforming its economy into one of commercial, financial, telecommunication, health, and education services. This prosperity was accompanied by a population growth, but more importantly, a major urban growth. In 1980, Monterrey had two million inhabitants in an urban area of around 12,000 hectares; in 2015, it had a population of over 4 million people in an area of around 100,000 hectares. This means its urban area grew tenfold in just 35 years to constitute a true metropolitan city encompassing 12 municipalities.

Despite this tremendous growth, the city enjoys one of Mexico's highest standards of living, and its population is considered well educated and cultured. Monterrey claims to have the best quality of life in the

Panorama nocturno de la ciudad de Monterrey/*Night view of Monterrey*

country thanks to its excellent health system and job opportunities. In addition to having a constant infrastructural growth, its metropolitan area also has important and diverse business activities of international standards, meeting the requirements of a developed city, thus making it one of the best cities in Mexico for doing business. Its growth and expansion have been accompanied by important corporate buildings and commercial, housing, and recreational developments.

Monterrey's prosperity represents the labour and courage of its founders and the perseverance and grit of its people in constructing a city through hard work and risk-taking. In its construction, architecture has played a central role as it represents the objective and ambition of being equal in value and standing with the rest of the world. Its buildings denote this pursuit: even the most modest examples follow architectural precedents, and top national and international architects were commissioned to design the city's most important structures. Its architecture is not only a true demonstration of the transformation of this city but also a demonstration of its goals and aspirations.

La Casa MTY en su espectacular ubicación con vistas a la ciudad
Casa MTY, in its spectacular location with views of the city

Residencias privadas
Private Residences

Carsten Krohn

Monterrey está repleta de viviendas unifamiliares. La mayor parte son edificaciones de dos plantas dispuestas en torno a un patio central. Esta tipología se extiende en el paisaje como un gran manto, propiciando el uso del transporte privado. Las viviendas plurifamiliares son poco comunes, incluso para familias con bajos ingresos. En los últimos años se ha extendido una nueva tipología: edificios residenciales de gran altura que ofrecen pisos de diseño con espacios comunes más bien típicos de un hotel. Este libro se centra en proyectos de fácil acceso al público, pero en este capítulo se muestran algunos ejemplos de viviendas privadas.

Monterrey is a city of single-family houses. The buildings are mostly two storeys tall and are arranged closely together, often around inner courtyards. The low buildings stretch out into the landscape like a giant carpet, which means the city's inhabitants primarily get around by car rather than public transport. It is rare to live in collectively used apartment buildings, even for those with lower incomes. Meanwhile, luxuriously furnished residential high-rise buildings with amenities typically found in hotels have begun to emerge as a a new phenomenon. Since this book focuses on publicly accessible buildings, it only presents a couple of private residences as examples.

Casa MTY. Esta vivienda, obra de Bernardo Gómez-Pimienta, fue construida entre el 2007 y el 2010. Tiene una ubicación privilegiada en un entorno natural sobre la ciudad, y logra una estrecha relación entre los espacios exteriores e interiores. Una serie de volúmenes cerrados de carácter privado delimitan la red de patios y pasillos, que al ser acristalados ofrecen espectaculares vistas, mientras los volúmenes mantienen su intimidad.

> Casa MTY, situated high above the city, was built by Bernardo Gómez-Pimienta between 2007 and 2010. It creates a sense of close connection between the interior and exterior spaces. Abstract, precisely proportioned cubes made from different materials have been joined together and form glazed, intermediate spaces. As you walk through the house, spectacular views of the archaic landscape appear, yet the various spaces still maintain a sense of intimacy.

Casa MTY. Bernardo Gómez-Pimienta, 2007–2010

Casa en la avenida Alfonso Reyes. Esta vivienda —proyecto de Raúl Ferrera en colaboración con Luis Barragán— se abre a una serie de jardines que forman una unidad junto a la casa. Cada espacio tiene un carácter diferente, marcado principalmente a través del uso de combinaciones de color de gran contraste: amarillo y violeta, rojo y verde. El grueso enfoscado de la fachada, junto al profundo retranqueo del acceso, dan a la obra un carácter monolítico.

> *This house, designed by Raúl Ferrera in partnership with Luis Barragán between 1981 and 1983, opens out to a series of gardens that form a coherent unit together with the house. A dramatic series of variegated spatial situations unravel, which are complemented by contrasting colours – a striking yellow, lilac, as well as red and green. The coarsely stuccoed surface, together with the deeply recessed entrance, gives the building a monolithic character.*

Casa en la avenida Alfonso Reyes. Luis Barragán y Raúl Ferrera, 1981–1983

Domus Aurea. Esta obra de Alberto Campo Baeza y Gilberto Rodríguez fue diseñada para la tradicional lotería Sorteos Tec. La sala central, cúbica y de doble altura, se abre tanto al jardín como a la planta superior, donde un muro dorado refleja la luz natural y crea un ambiente cálido. Este espacio se abre a su vez a una terraza que incluye una piscina. Los arquitectos concibieron esta obra como un homenaje a Luis Barragán y al artista Mathias Goeritz.

> *The house Domus Aurea, built by Alberto Campo Baeza and Gilberto L. Rodríguez between 2014 and 2016, was built for the traditional lottery institution Sorteos Tec in order to finance scholarships for students. The central, cubic room opens out to the garden and features a mezzanine with a golden wall that reflects sunlight. The architects created the structure as a homage to the architect Luis Barragán and to the artist Mathias Goeritz.*

Domus Aurea. Alberto Campo Baeza y Gilberto L. Rodríguez, 2014–2016

Residencia Verde. Tatiana Bilbao, 2016–2017

Residencia Verde. También para la lotería Sorteos Tec fue proyectada esta casa, obra de Tatiana Bilbao. Los espacios se organizan en espiral en torno a un patio interior con piscina. Las salas y dormitorios están conectados, formando un recorrido que ofrece vistas sobre la ciudad.

En los últimos años, cada vez más viviendas están siendo construidas en urbanizaciones privadas. En ellas se encuentran a menudo obras de arquitectos como Ricardo Legorreta o Tadao Ando. También ha aumentado el compromiso social y arquitectónico para con los sectores de la población con menos recursos, y la conciencia medioambiental. Por ejemplo, la oficina Impulso Urbano colaboró con un grupo de estudiantes del Tec de Monterrey para desarrollar varias viviendas realizadas en materiales reciclados.

> *The architect Tatiana Bilbao built the Residencia Verde (Jerónimo Treviño 333) – once again for Sorteos Tec – between 2016 and 2017. The spaces here are grouped together in the form of a spiral around an outdoor area with a central pool. The living room and bedrooms are connected to a continuously flowing living space with far-reaching views of the city.*

Residential houses have been increasingly built inside of gated communities in recent years. These include works by famous architects such as Ricardo Legorreta and Tadao Ando. Another trend from recent times is an increasing architectural engagement for socially disadvantaged groups. The architects from the group Impulso Urbano collaborated with students at Tecnológico de Monterrey to create residential houses using recycled materials.

Vivienda unifamiliar. Ricardo Legorreta

Centro: el origen y una primera expansión

City Centre: Origin and First Expansion

A

040

Plan de Ayutla

Pedro Noriega

Manuel Doblado

Ramón Treviño

Julián Villareal

Joaquín G. Leal

Agustín Melgar

Vicente Suárez

José Ángel Conchello

Jesús M. Garza

Constituyentes del 57

José Martí

M

Av. Colón

Del Golfo

Reforma

Av. Francisco I. Madero

José María Arteaga

Carlos Salazar

Jerónimo Treviño

Isaac Garza

Santiago Tapia

M. M. del Llano

Albino Espinosa

Ruperto Martínez

José Silvestre Aramberri

Calle Arista Norte

Manuel Doblado

Álvaro Obregón

Julián Villareal

Héroes del 47

Av. Félix U. Gómez

Félix U. Gómez

M

J. M. Arteaga

Carlos Salazar

Agustín Melgar

Isaac Garza

Adolfo Prieto

M Tapia

Batallón de San Blas

Juan de La Barrera

Francisco Márquez

Av. Fundidora

Albino Espinosa

George Washington

George Washington

020

Canal de Santa Lucía

017

018

Héroes del 47

Gine M

Constitución

Río Santa Catarina

Av. Ignacio Morones Prieto

José López Hickman

Chapultepec

Juventino Rosas

10a Zona

Aquiles Serdán

Barrio
Antiguo

M

Mina

Francisco Javier

019

Constitución

Av. Ignacio Morones Prieto

Pedro Martínez

Apodaca

León Guzmán

Ayutla

Iguala

Durango Sur

le 2 de Abril - Jesús Dionisio González

Hilario Martínez

Tepic

Chiapas

Tepic

Quintana Roo

Paricutín

Av. Eugenio Garza Sada

Calle 3a Zona

Calle 4a Zona

Calle 5a Zona

Genaro Garza García

Pedro Martínez

MONTERREY

Av. José Alvarado

Gaona

Río Sena

Palestina

Av. Eugenio Garza Sada

Anastasio Parrodi

J. M. Ortega

Salvador Canales

Jesús Frontera

P. Ampudia

La Florida

Av. Junco de la Vega

Pirineos

Álamos

Cipreses

Claveles

Centro: el origen y una primera expansión

Este es el corazón de la ciudad, donde tuvo lugar la fundación de Monterrey en los Ojos de Agua de Santa Lucía. Aún conserva las calles coloniales del Barrio Antiguo, a las que se yuxtapone actualmente el gran proyecto de la Macroplaza. Una estructura urbana reticular uniforme —que corresponde a su primer desarrollo— se extiende hacia el norte hasta el ferrocarril, y hacia el sur hasta el cerro de la Loma Larga. La avenida Constitución, la principal arteria de la ciudad, corre de este a oeste bordeando el río Santa Catarina. Esta zona se considera el centro histórico y cultural, donde están los principales edificios gubernamentales, los museos más importantes —el MARCO, el MUNE y el Museo de Historia Mexicana— y las principales iglesias —la catedral y la basílica de Guadalupe. Fue aquí también donde surgieron los primeros edificios altos, como el condominio Acero y el condominio Monterrey. A pesar del gran desarrollo en la periferia, el centro de Monterrey tiene todavía una parte muy importante de su patrimonio arquitectónico.

Vista panorámica de la Macroplaza/*Panoramic view of the Macroplaza*

011   Banco Mercantil

002   Museo Metropolitano

029   Edificio Urbania

028   Edificio Chapa

003   Condominio Acero

030   Gran Hotel Ancira

City Centre: Origin and First Expansion

Monterrey was founded here, in the heart of the city, near the Santa Lucía Springs. The original colonial streets of Barrio Antiguo have been retained, now juxtaposed with the Macroplaza, a major intervention. A uniform, orthogonal urban structure extends to the north and south, reflecting its early development, and is delimited by the railway line to the north and the Loma Larga Hill to the south. Avenida Constitution runs from east to west, bordering the Santa Catarina River, as the main thoroughfare of the city. This is considered the historical and cultural centre of the city – the place where you can find the main governmental buildings as well as the most important historical and art museums such as the MARCO, MUNE, and Mexican History Museum. The city centre also has the most prominent churches such as the cathedral and the Basilica of Guadalupe. This is also where the first tall buildings or skyscrapers such as Condominio Acero and Condominio Monterrey appeared. Despite the city's growth and development in its periphery, this area still has its most important buildings.

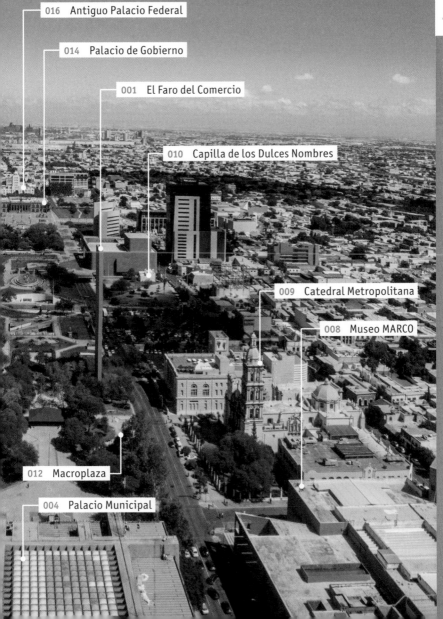

016   Antiguo Palacio Federal

014   Palacio de Gobierno

001   El Faro del Comercio

010   Capilla de los Dulces Nombres

009   Catedral Metropolitana

008   Museo MARCO

012   Macroplaza

004   Palacio Municipal

El Faro del Comercio
Macroplaza, Colonia Centro
Luis Barragán, Raúl Ferrera
1984

001 A

Este emblemático monumento se ha convertido en uno de los símbolos más importantes de Monterrey. Fue construido para conmemorar los cien años de la CANACO (Cámara Nacional de Comercio, Servicios y Turismo de Monterrey). Fue uno de los últimos proyectos diseñados por el destacado arquitecto Luis Barragán, supervisado por Ferrera —su socio— y construido por Maiz Mier, una constructora local. Está ubicado en la Macroplaza, cerca de la catedral y el palacio municipal, para ser admirado por todos y servir como un recordatorio constante de las importantes contribuciones del sector comercial en el crecimiento y progreso de la ciudad.

Es un enorme monolito de hormigón, de color naranja brillante y 1,83 m de espesor, 12,33 m de ancho y 69,8 m de altura. Este color es parte de la paleta habitual del autor, pero también representa el esfuerzo y el entusiasmo por el éxito comercial de la ciudad. La torre actúa como un faro y proyecta una luz verde brillante sobre el cielo nocturno de Monterrey. El Instituto Nacional de Bellas Artes lo nombró en 2001 monumento histórico nacional por sus cualidades escultóricas y arquitectónicas, por su expresión artística y por la trayectoria de su autor.

> *Faro del Comercio This emblematic monument has become one of the most important symbols of Monterrey. It was built to commemorate the 100th anniversary of the National Chamber of Commerce, Services and Tourism (CANACO) of Monterrey. This was one of the last projects designed by*

the renowned architect Luis Barragán, supervised by Ferrera, his partner, and built by Maiz Mier, a local construction company. It was placed on the Macroplaza, near the cathedral and the city hall, to be noticed by all and to serve as a constant reminder of the important contributions the commercial sector has made to the city's growth and progress. It is an enormous, bright-orange concrete monolith, 1.83 metres thick, 12.33 metres wide, and 69.8 metres high. Its colour is part of the bright palette used by its author, but it also represents the effort and enthusiasm of the city's commercial force. This tower serves as a beacon that shines a bright green light over the night skies of Monterrey. In 2001, the National Institute of Fine Arts established it as a national historical monument for its sculptural and architectural qualities, its artistic expression, and its author.

Museo Metropolitano
(antiguo palacio municipal)
Ignacio Zaragoza / Corregidora,
Colonia Centro
Papias Anguiano;
INAH (restauración / restoration)
1845–1886, 2010

002 A

> *Metropolitan Museum* The history of this building reflects the history of the city. Its site was designated as 'Las Casas Reales' – or 'government building' – in the 1600s. It was placed in front of the main plaza, 'Plaza de Armas', facing the cathedral. The first building was made of clay and reed, and was later replaced by a single-storey structure made of ashlar stone that suffered from floods and other catastrophes. The building as we know now was slowly constructed between 1850 and 1887. Anguiano designed the first floor and façade. Its cubic volume consists of a perimetral exterior portico on the ground floor, a perimetral balcony on the upper floor, and a balustrade as its cornice. It has a central patio with an interior portico on the upper floor, one entrance in the middle of each facade, and two staircases in front of the main entrance. The ashlar stone gives the building its colonial character, making it appear heavy and compact. The new city hall building became the Superior Court of Justice when it was completed in 1978. Later it became the History Museum of Nuevo León in 1989 and finally the current museum in 1995.

La historia de este edificio refleja la historia de la ciudad. El predio fue designado en 1600 como edificio de gobierno, también llamado «Las Casas Reales». Se ubicó frente a la plaza principal, la plaza de Armas, delante de la catedral. La primera construcción fue hecha con arcilla y caña, y sustituida más adelante por una estructura de sillar de una planta, que sufrió inundaciones y otras catástrofes. El edificio actual fue construido por etapas entre 1850 y 1887. El primer piso y la fachada fueron diseñados por Papias Anguiano: el exterior consiste en un pórtico perimetral en planta baja, un balcón corrido en el primer piso y una balaustrada como cornisa. El volumen cúbico del edificio tiene un patio central con un pórtico en el primer piso, cuatro entradas —una en el centro de cada fachada— y dos escaleras frente a la entrada principal. El carácter colonial está marcado por la construcción con piedra de sillar, que otorga un aspecto pesado y compacto. Cuando se completó el nuevo palacio municipal en 1978, este edificio pasó a ser el Tribunal Superior de Justicia, en 1989 se convirtió en el Museo de Historia de Nuevo León y desde 1995 es el actual museo.

Condominio Acero
Ignacio Zaragoza 1000,
Colonia Centro
*Mario Pani, Ramón Lamadrid,
Salvador Ortega*
1957–1959

003 A

Este emblemático edificio es una de las imágenes más relevantes de la modernidad regiomontana. Fue encargado por los ejecutivos de la Fundidora de Fierro y Acero de Monterrey para dar respuesta a la necesidad de espacios de oficinas formales en la ciudad. Fue el primer edificio en Monterrey que tuvo un régimen de condominio, lo que permitió su venta antes del comienzo de las obras. Parece seguir el estilo internacional establecido por Gordon Burnshaft en la Lever House, con una ancha base a modo de zócalo de la cual surge una torre vertical. El proyecto de Lamadrid asemeja en parte el condominio Reforma de Mario Pani, terminado en 1956. Su estructura de acero de 22 pisos se distribuye de esta manera: dos sótanos, una base de tres niveles con una terraza sobre ella, 15 pisos de espacio de oficinas y un ático. La planta baja está retranqueada, y sostiene dos niveles sólidos revestidos de aluminio y una terraza abierta en la parte superior. Sobre esta base se encuentra la torre de oficinas, con una fachada de cortina de vidrio que alterna paneles rojos y translúcidos, rematada por un ático. A pesar de los numerosos cambios que ha sufrido, este edificio sigue enclavado en la memoria colectiva de Monterrey.

> *Condominio Acero This iconic building is one of the most relevant images of modernity in Monterrey. The building responds to the city's need for formal office spaces and was commissioned by executives of Fundidora de Fierro y Acero de Monterrey, an iron and steel company. It was the first building in Monterrey to have a condominium property regime, which allowed it to be sold before it was built. It appears to pursue the International Style set by Gordon Burnshaft's Lever House with a low horizontal base and a tall vertical tower. Lamadrid's project seems to follow in part Pani's Condominio Reforma, finished in 1956. The 22 floors of the steel structure are distributed in the following manner:*

two underground floors, one three-level base, a terrace on the third floor, 15 floors of office space, and one level of penthouses. Its base has a receded ground floor that supports two levels finished with aluminium cladding and an open terrace on top. On this base stands a rectangular 15-storey tower with a curtain wall that displays a chequered finish of red and translucent panels, topped with a penthouse. Despite its changes, the building remains embedded in the collective memory of Monterrey.

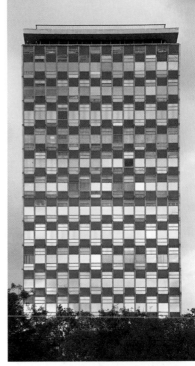

Palacio Municipal de Monterrey
Ignacio Zaragoza s/n.,
Colonia Centro
Jorge Albuerne, Juan Villarreal,
Nicolás Hadjopulos, César Flores
1974–1976

Debido a la falta de espacio en el palacio municipal anterior —en la actualidad el Museo Metropolitano—, en 1974 se decidió construir uno nuevo. Para ello se organizó un concurso, en el que participaron varios despachos de arquitectura nacionales, y cuyo jurado fue presidido por Pedro Ramírez. La ubicación, en el lado sur de la plaza principal de Monterrey, fue polémica al principio pero terminó convirtiéndose en un importante atributo, e inspiró la creación de la Macroplaza en 1979. Se concibió como una estructura abierta con vista al río y a las montañas. Tiene un fuerte carácter brutalista, con un enorme bloque de tres pisos elevado y apoyado sobre ocho grandes columnas perimetrales. Estas tienen una estructura hueca de acero, y están revestidas con paneles de hormigón. El cuerpo suspendido tiene un patio central cubierto por una retícula de tragaluces translúcidos. Las fachadas norte y sur están terminadas con una serie de lamas de aluminio y las fachadas este y oeste con paneles de hormigón. Son dignos de mencionar el mural *Monterrey 2000,* en el patio interior, y la escultura *Homenaje al sol* de Rufino Tamayo, ubicado frente a la fachada sur.

> *Palacio Municipal* The 1974–1976 administration decided to build a new Palacio Municipal due to the lack of space in the previous one, now the Metropolitan Museum of Monterrey. A competition was held with Pedro Ramírez as the jury head, and various national architecture firms participated. The site, on the south side of Monterrey's main plaza, was controversial at first but became one of the city's most important assets, inspiring the creation of the Macroplaza in 1979. The building's concept was to create an exposed structure that would offer an open view of the river and mountains. It has a brutalist style, with an enormous three-storey block suspended on eight massive perimetral columns. These columns are made of hollow steel structures clad with concrete panels. The three-storey block has an open patio in the centre, covered by a grid of translucent skylights. The north and south façades are finished with aluminum brise-soleil while the east and west façades are made of prefabricated concrete panels. The patio features a mural entitled 'Monterrey 2000', and there is a steel sculpture, 'Homenaje al Sol' by Rufino Tamayo, in front of the south façade.

Antigua Basílica de Guadalupe 005 A
Jalisco / Tepeyac,
Colonia Independencia
Anastacio Puga
(atribuido / attributed)
1895–1924

Esta modesta iglesia está ubicada en la colonia Independencia, una zona de la ciudad que data de 1894 y originalmente conocida como Repueble del Sur. Cambió su nombre en 1900 como parte de una serie de actos conmemorativos del centenario de la independencia de México. Su enclave, en una colina de tierras de pastoreo, ha sido un lugar de culto a la Virgen de Guadalupe desde 1820. En 1877 se construyó una pequeña capilla en este lugar, y entre 1895 y 1924 tuvieron lugar las obras que la transformaron en la actual iglesia, atribuida a Anastacio Puga. La iglesia tiene una planta de cruz latina de una sola nave, con tres bóvedas de arista, un crucero y el altar. El crucero está cubierto por una cúpula rematada por una linterna. Sus fachadas laterales muestran los contrafuertes que soportan las paredes y bóvedas. La fachada principal es atípica, con una torre central de cuatro pisos: la base sirve como un pórtico y sobre ella se encuentra un primer nivel de menos altura, seguido por una espadaña de tres campanas rematada a su vez por una espadaña simple. La iglesia se levanta sobre una plataforma con unas escalinatas que ofrece unas impresionantes vistas de la ciudad.

> *Antigua Basílica de Guadalupe This modest church is located in Colonia Independencia, an old neighbourhood that dates back to 1894 when it was called Repueble del Sur. It changed its name in 1900 as part of various events commemorating the centennial of Mexico's independence. The site, a hilly pasture where goats and sheep used to graze, has also been a place of worship dedicated to the Virgin of Guadalupe since 1820. This is why a small chapel was built for this purpose in 1877. Construction took place between 1895 and 1924 to transform the chapel into the church as it stands today, attributed to Anastacio Puga. The church has a Latin-cross floor plan with a single nave, three groin vaults, a transept, and an altar. The transept is covered by a dome and a lantern. Its side façades show the buttresses that support the walls and vaults. Its main façade has a four-story central tower, which is atypical. Its base serves as a portico with a receding first floor, followed by a second-floor bell gable with three bells topped by a single-bell gable. The church is raised on a platform with an impressive set of stairs that offers a stunning view of the city.*

Basílica de Guadalupe
Guanajuato 715,
Colonia Independencia
Pedro Ramírez;
Rafael Mijares, Antonio Elosúa
(colaboración/collaboration)
1978–1982

006 A

Ubicada en la colonia Independencia, en uno de los barrios más antiguos de la ciudad conocido como barrio de San Luisito, esta basílica fue construida para proporcionar más espacio para los cientos de peregrinos que visitaban la iglesia original de 1895, ubicada justo al lado. Ambas iglesias descansan sobre una plataforma

con vistas al centro de la ciudad, donde cada 12 de diciembre tienen lugar una serie de actividades religiosas y comerciales en honor a la Virgen de Guadalupe. La forma de este moderno edificio consiste en una serie de planos inclinados revestidos con paneles de aluminio que evocan la forma del cerro de la Silla, el icono más emblemático de Monterrey. Una vez dentro, el visitante se ve sumergido en una atmósfera mística gracias a la luz proveniente de los vitrales y las impresionantes 58 cuerdas de yute con 80 rosas de oro colgando como telón de fondo de la imagen de la Virgen, que simbolizan el delantal o *ayate* de Juan Diego. A un

lado se encuentra una gran cruz, escultura obra de Efrén Ordóñez. El altar está hecho de un bloque de seis toneladas de piedra traída del Tepeyac, la colina original donde apareció la Virgen.

> *Basílica de Guadalupe* Located in Colonia Independencia, in one of Monterrey's oldest neighbourhoods known as Barrio de San Luisito, this basilica was built to provide more space for the hundreds of pilgrims who visit the adjoining original church built in 1895. Both churches rest on a platform overlooking the city centre, which allows a series of religious and commercial activities to take place on 12 December each year in honour of the Virgin of Guadalupe. The shape of this modern building consists of a series of inclined planes clad with aluminum panels that evoke the shape of the Cerro de la Silla, Monterrey's most famous landmark. Once inside, the visitors enter into a mystical atmosphere created by the light of the stained glass windows and the impressive 58 jute ropes with 80 golden roses hanging as a backdrop to the image of the Virgin of Guadalupe and symbolising the apron of Juan Diego. To one side is an enormous cross next to the sculpture by Efren Ordoñez. The altar is made of a six-tonne block of stone brought from Tepeyac, the original hill where the virgin appeared.

Centro Comunitario Independencia

007 A

Jalisco s/n.
Landa Arquitectos;
Cátedra Blanca del Tec de Monterrey:
Agustín Landa, Manuel Martínez,
David Benítez, Roberto Romero
(directores/directors)
2010–2011

El diseño de este centro comunitario es el resultado de un taller de diseño avanzado llamado Cátedra Blanca —organizado por el Tec de Monterrey— y fue construido por el estado de Nuevo León. Cuenta con más de 7.000 m² y está ubicado en la colonia Independencia, en una loma con vistas al centro de la ciudad. Tiene unas dimensiones monumentales con un concepto simple: cuatro estructuras que confinan un patio rectangular de más de 900 m². Las estructuras este y oeste son idénticas y tienen cinco grandes vigas en forma de «Y», alineadas y separadas por tragaluces, formando así el techo de este volumen. La estructura este alberga una cancha multiusos, mientras que la estructura oeste tiene un impresionante vestíbulo de doble altura con un centro mediático en planta baja y la sede de una escuela a distancia en el entrepiso. Las estructuras norte y sur tienen un pasillo abierto hacia el patio, con salones que sirven para diversas actividades como clases de cocina, música, manualidades e incluso un pequeño cine. Tiene un aspecto duro debido al uso de hormigón a la vista. Su interior es amplio, abierto y muy luminoso, gracias a las ventanas y corredores abiertos.

> *Centro Comunitario Independencia* The design of this community centre is the result of an advanced design workshop called 'Cátedra Blanca' at Tec de Monterrey and was built by the state of Nuevo León. It is located in Colonia Independencia, on a hillside facing the city centre, and features a floor area of over 7,000 square metres. It has monumental dimensions and a simple concept: the four structures surround a central, rectangular patio, measuring 900 square metres. The two structures on the east and west are identical. They each have five impressive Y-shaped beams aligned side-by-side, separated by skylights that form the roof of this structure. The eastern structure houses a two-storey multi-function court, while the western structure features a striking two-storey vestibule with a media centre on the ground floor and an online high school on the mezzanine. The two structures on the north and south each have an open corridor facing the patio, with classrooms for diverse activities such as baking, music, arts and craft classes, and even a small cinema. It has a severe appearance because of its use of raw exposed concrete. Inside, it is spacious, open, and full of light thanks to the skylights and open corridors.

Museo de Arte Contemporáneo de Monterrey, MARCO
Juan Zuazua s/n.,
Colonia Centro
LEGORRETA
1991

008 A

Este es uno de los principales museos de arte contemporáneo en México, ubicado en el lado sudeste de la Macroplaza. Su entrada responde adecuadamente al entorno urbano y a la proximidad a la catedral mediante una plaza entre las calles Juan Zuazua y Jardón, con la escultura *La paloma* de Juan Soriano como bienvenida. Esta construcción de 20.000 m² tiene un amplio vestíbulo de entrada, 11 galerías, un auditorio, tienda, restaurante y oficinas, todo con acabados en madera, estuco, travertino y ónix. Su diseño está basado en una tradicional casa vernácula con un patio central y solo dos pisos de altura para mantener la escala del entorno. Sus claros volúmenes, colores y geometría denotan su autoría. La distribución se organiza en torno a un patio de doble altura cubierto con tragaluces, rodeado por un corredor de columnas que comunica con las salas de exposición y el hall de entrada. Gran cuidado fue tomado por su autor para enmarcar importantes vistas hacia la catedral y el cerro de la Silla, mientras se dirige a los visitantes a través de las distintas exposiciones. Su principal característica es una fuente de espejo, cuyo mecanismo se activa de repente para la sorpresa de sus visitantes.

> *MARCO This is one of the leading contemporary art museums in Mexico, located on the south-eastern edge of the Macroplaza. Its entrance responds to its urban environment and proximity to the cathedral by forming a plaza at the corner of the streets Jardon and Zuazua with a welcoming sculpture of 'La Paloma' by Juan Soriano. This 20,000-square-metre building offers a foyer, 11 galleries, an auditorium, gift shop, restaurant, and office spaces all with wooden, travertine, stucco, and onyx finishes. Its design is based on a traditional vernacular house with a central patio and only two floors to maintain the scale of its surroundings. Its strong volumes, bright colours, and geometry denote its authorship. Its layout is centred on its double-height patio covered with skylights surrounded by a colonnaded corridor that connects to the foyer and exhibition halls. Great care was taken by its author to frame important views of the cathedral and the Cerro de la Silla while leading visitors through the various exhibitions. Its main feature is its mirror fountain that suddenly bursts loudly, gushing water to the surprise of its visitors.*

Vista del vestíbulo de entrada al museo/*View of the museum's entrance hall*

Catedral Metropolitana de Nuestra Señora de Monterrey

009 A

Juan Zuazua Sur 1100,
Colonia Centro
José de Montalvo, José Sorola,
Nicolás Hernández
1663–1899

La Catedral Metropolitana se encuentra en el extremo sudeste de la Macroplaza, en un predio que en 1612 fue designado oficialmente como el centro político y religioso de la ciudad. Por desgracia, no fue hasta 1663 que se comenzaron las obras. Se inició con una modesta parroquia, y desde ese momento se sucedieron los problemas durante todo el período de construcción. En 1791, se completó la estructura básica de forma rectangular con una nave central y dos pasillos laterales menores que sirven como capillas laterales. La nave principal está dividida en cinco tramos, cubiertos por bóvedas de crucería apoyadas en arcos, con ventanas en el claristorio. En la última sección se encuentra la cúpula. La catedral termina en un ábside donde se ubica el altar. Su fachada fue acabada en 1800 y más adelante en esa misma década se construyeron la sacristía y el sagrario. El único campanario fue construido en 1899 y su última intervención artística fue en los años cuarenta, con el mural principal realizado por Ángel Zárraga. Tiene una mezcla de estilos arquitectónicos, principalmente neoclásico y neobarroco, este último especialmente en el exterior. La catedral tiene un atrio que permiten al visitante admirar la fachada, llena de simbolismo e iconografía religiosa.

> *Metropolitan Cathedral of Our Lady of Monterrey* This cathedral is located on the south-eastern edge of the Macroplaza, on a site that was designated as the official political and religious centre of the city in 1612. Unfortunately, it was not until 1663 that the cathedral's construction got underway, for what was initially a modest parish. A series of problems thereafter riddled the construction. By 1791, its basic rectangular structure was completed with a central nave and two lateral lower aisles which served as side chapels. The main nave is divided into five sections covered by crossed vaults supported by arches with clerestory windows, followed by the last section where the cupula is located. The cathedral ends in an apse where the altar is located. The façade was completed in the 1800s, and the side chapel and sacristy were built that same decade. The only bell tower was constructed in 1899, and the last major artistic intervention was in the 1940s when Angel Zárraga did the central mural. The cathedral is a mixture of architectural styles, mainly neoclassical and neo-baroque, the latter particularly in the façade. The atrium allows visitors to admire the façade, full of symbolism and religious iconography.

Capilla de los Dulces Nombres `010` `A`
Dr. José María Coss /
Mariano Matamoros,
Colonia Centro
desconocido / unknown;
INAH (restauración / renovation)
1830, 2015

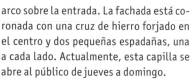

Esta pequeña y pintoresca capilla se encuentra en la Macroplaza, en lo que fue una vez propiedad de José Antonio de la Garza Saldívar. Fue construida por su viuda alrededor de 1830, tal y como él había pedido en su testamento. Fue declarado monumento de patrimonio nacional en 1938 y reformado por primera vez en 1945 y posteriormente en 1984 como parte del plan maestro de la Macroplaza. Es extremadamente modesta, con solo una nave y sin coro. Su sobria fachada responde al estilo vernáculo mexicano del nordeste, con un frontispicio compuesto por dos pilastras estriadas sobre pedestales pesados que terminan con unas granadas. Otras dos pilastras sostienen el arco sobre la entrada. La fachada está coronada con una cruz de hierro forjado en el centro y dos pequeñas espadañas, una a cada lado. Actualmente, esta capilla se abre al público de jueves a domingo.

*> Capilla de los Dulces Nombres **This quaint small chapel is located in the Macroplaza on what was once the property of José Antonio de la Garza Saldívar. His widow had it built, in around 1830, the way he had requested in his will. It was declared a national heritage monument in 1938 and was renovated twice: first in 1945 and later in 1984 as part of the masterplan for the Macroplaza. It is extremely modest with only one nave and has no chorus. Its sober façade responds to the northern Mexican vernacular style with a frontispiece made up of two fluted pilasters on heavy pedestals topped by pomegranates. Two more fluted pilasters hold the arch over the entrance. The façade is crowned with a wrought-iron cross in the centre and two small bell gables, one on each side. Today this chapel is open to the public from Thursday to Sunday.***

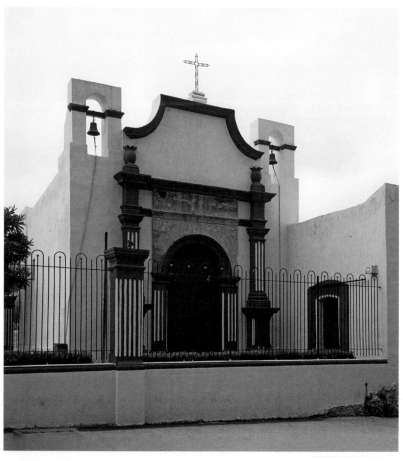

Banco Mercantil de Monterrey 011 A

Ignacio Zaragoza 920,
Colonia Centro
Alfred Giles; INAH
(restauración/renovation)
1901, 2008

Este fue el primer edificio construido como banco en Monterrey, en lo que fuera una céntrica esquina de la ciudad. Ahora forma parte de la Macroplaza y constituye la entrada a la calle peatonal Morelos. Su autor, un arquitecto inglés-americano, también construyó otros dos proyectos: el edificio La Reynera, una manzana hacia el oeste, y el Arco de la Independencia. Todos ellos siguen el lenguaje académico del neoclasicismo, tal vez en respuesta al palacio de gobierno que fue construido durante esta época. Su forma rectangular tiene una esquina curva, en la que se encuentra la entrada, dando fluidez y continuidad de una fachada a otra. La planta baja y el primer piso se conectan en fachada con pilastras colosales y el segundo piso, que es más bajo en altura, está coronado por una cornisa con balaustrada y elementos ornamentales, como el águila nacional mexicana y la fecha de construcción. También cuenta con una elaborada puerta de hierro forjado en su entrada, coronada por un balcón con balaustrada. La estructura es de acero, tiene paredes de ladrillo y acabados de piedra de cantera labrada a mano, de alto nivel artesanal. Este edificio también cuenta con un sótano.

> *Banco Mercantil de Monterrey* **This was the first building erected in Monterrey specifically to serve as a bank. It is located at what was once a busy corner of the city centre. Now, it is part of the Macroplaza and the entrance to the pedestrian street Morelos. Its author, an English-American architect, also built two other projects: La Reynera, just one block to the west, and the Arco de la Independencia in Pino Suárez. They feature the academic language of neoclassicism, perhaps in response to the Palacio de Gobierno that was built at around the same time. The bank's rectangular shape has a rounded corner where the entrance is located, creating a continuous flow from one façade to the other. In its façades, the ground floor and first floor are connected by colossal pilasters, and the second floor, which is lower in height, is crowned with a balustrade cornice with ornamental elements such as the date of construction and Mexico's national eagle. The building also features an elaborate wrought-iron gate in its entrance with a balustrade balcony on top. The building features three floors and a basement made of a steel structure, brick walls, and hand-carved Cantera-stone finishes that required a high level of craftsmanship.**

Macroplaza (o Gran Plaza) 012 A

Juan Zuazua / Ignacio Zaragoza,
Colonia Centro
Ángela Alessio,
Andrés González-Arquieta,
Eduardo Terrazas, Óscar Bulnes
1981–1985

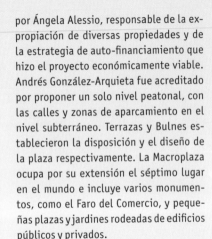

La Macroplaza —o Gran Plaza— es un espacio de grandes proporciones situado en el corazón de la ciudad. El proyecto consistió en la creación de una superficie de más de 400.000 m² para unir el ayuntamiento y el palacio de gobierno con algunas manzanas adyacentes designadas para nuevos edificios públicos y privados. Esto implicó la expropiación de 21 manzanas urbanas. Esta intervención formó parte de los proyectos de regeneración urbana que aparecieron durante los años setenta y ochenta a nivel internacional, como el Peachtree Center en Atlanta, y a nivel nacional, como la Plaza Tapatía en Guadalajara. Concebido en los años ochenta durante el gobierno de Alfonso Martínez Domínguez, fue llevado a cabo por Ángela Alessio, responsable de la expropiación de diversas propiedades y de la estrategia de auto-financiamiento que hizo el proyecto económicamente viable. Andrés González-Arquieta fue acreditado por proponer un solo nivel peatonal, con las calles y zonas de aparcamiento en el nivel subterráneo. Terrazas y Bulnes establecieron la disposición y el diseño de la plaza respectivamente. La Macroplaza ocupa por su extensión el séptimo lugar en el mundo e incluye varios monumentos, como el Faro del Comercio, y pequeñas plazas y jardines rodeadas de edificios públicos y privados.

> *Macroplaza The Macroplaza, or La Gran Plaza, is a major town square located in the heart of the city. The construction project consisted of creating a rectangular plaza, measuring over 400,000 square metres, to unite the city hall and the Palacio de Gobierno with the adjacent blocks designated for new public and private buildings. This implied taking over or expropriating 21 urban blocks for this purpose. The project was a response to the urban regeneration projects*

that were taking place both in Mexico and internationally during the 1970s and 1980s, such as the Peachtree Center in Atlanta and the Plaza Tapatía in Guadalajara. It was conceived in the early 1980s as a megaproject during the administration of the governor Alfonso Martínez Domínguez and was undertaken by Angela Alessio-Robles, who was responsible for the expropriation of various properties and the self-financing strategies that made the project financially viable. González-Arquieta was credited for envisioning a single pedestrian level, underground streets, and parking areas. Meanwhile, Terrazas and Bulnes Valero established the layout and the specific plaza design, respectively. The Macroplaza is the seventh-largest plaza in the world, consisting of various monuments such as the Faro del Comercio, smaller plazas, and gardens.

Tribunal Superior de Justicia (o Palacio de Justicia)

Juan Ignacio Ramón s/n.,
Colonia Centro
Rodolfo Barragán
1991

Ubicada en el nordeste de la Macroplaza, esta monumental construcción brutalista simboliza la importancia de la Suprema Corte de Justicia del Estado. Está situada entre dos plazas con alturas diferentes. Al sur, la plaza inferior tiene una fuente con un famoso mural que representa la fundación de Monterrey, así como la entrada al edificio del Poder Judicial del Estado. En el nivel superior, al este, está la otra plaza, conectada a un auditorio y con un mural que representa la justicia. El edificio tiene la geometría de un prisma triangular extruido, con dos lados cerrados y uno abierto, lo que define un atrio de grandes proporciones con grandes fachadas de cristal y un techo que no ofrece abrigo pero constituye una espectacular entrada principal. Su construcción consiste en una estructura de acero apoyada en un marco de hormigón armado, sobre una cimentación de pilotes. La estructura está revestida con paneles de hormigón prefabricado con un acabado estriado.

> *Tribunal Superior de Justicia* Located on the north-eastern side of the Macroplaza, this monumental brutalist building embodies a sense of significance that befits its function as the state's Palace of Justice. It is located between two different plazas, situated on different levels, to the south and to the east of the building. The lower-level plaza to the south has a fountain with a famous mural depicting the foundation of Monterrey as well as the entrance to the State Judicial Power building. On the upper level to the east behind the building is the other plaza that is connected to an auditorium and has a mural representing Justice. The building has a simple geometry: it is a tall, triangular prism with two closed sides and one open side. The open side contains a tall, triangular atrium, with enormous glass façades and a tall roof, that offers no shelter but serves as a spectacular main entrance. The structure consists of a steel frame resting on a reinforced concrete frame with a foundation of concrete piles. The steel structure is clad with prefabricated concrete panels with a corduroy finish.

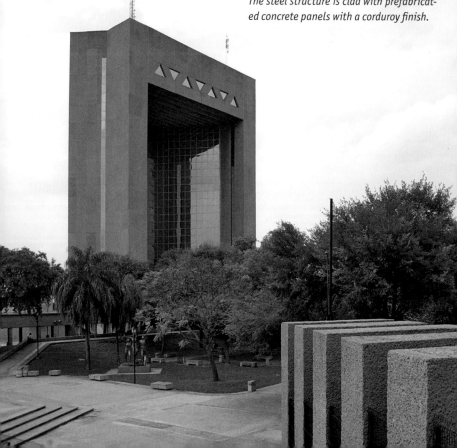

Palacio de Gobierno

014 A

Ignacio Zaragoza / 5 de Mayo,
Colonia Centro
*Francisco Beltrán, Marín Peña;
INAH (restauración / renovation)*
1895–1908, 1985–1991

Situado en el norte de la Macroplaza, este palacio fue encargado por el gobernador general Bernardo Reyes. Su diseño neoclásico corresponde al estilo establecido por el Porfiriato. Su planta rectangular, de 88 m de largo y 55 m de ancho, tiene un patio central delimitado por un pórtico con arcos tanto en la planta baja como en el primer piso. Tiene también otros cuatro patios más pequeños, dos a cada lado, todos excepto uno cubiertos por techos de cristal. El edificio fue realizado en piedra de sillar y ladrillo, y recubierto con cantera rosa. La fachada principal, orientada al sur, tiene un gran pórtico central y dos más pequeños, uno en cada extremo. El pórtico central, apoyado en ocho colosales columnas corintias, está rematado por una estatua de la victoria con una corona de laurel y un cetro. Los pórticos laterales tienen dos plantas con cuatro columnas cada uno, y están coronados por una estatua de un león y un niño. El vestíbulo tiene escaleras a cada lado y vitrales sobre héroes mexicanos realizados por Claudio Pellandini e instalados en 1906. Este edificio fue restaurado en 1991, y actualmente alberga las oficinas gubernamentales del Estado y un museo. Es considerado monumento nacional por el INAH.

> *Palacio de Gobierno* **This building, on the northern edge of the Macroplaza, was commissioned by the governor General Bernardo Reyes. Its neoclassical design matches the established style of the Porfiriato era. The rectangular floor plan, 88 metres long and 55 metres wide, has a main central open courtyard with an open arched portico on the ground floor and first floor. It also has four more smaller courtyards, two on each side, and all except one are covered by a glass ceiling. The building was constructed with ashlar stone and bricks and covered with pink Cantera stone. The main façade faces south and has a central portico and one smaller portico on each end. The central portico, supported by eight two-storey Corinthian columns, is crowned with a statue of Victory with a wreath and sceptre. Each side portico has two floors with four columns, crowned with the statue of a lion and a child. The lobby features staircases on each side and stained-glass windows by Claudio Pellandini, installed in 1906, depicting Mexico's heroes. Restored in 1991, the building currently houses the state governmental offices and a site museum. The building is considered a national monument by the INAH.**

Fachada principal del Palacio de Gobierno/*Main façade of the Palacio de Gobierno*

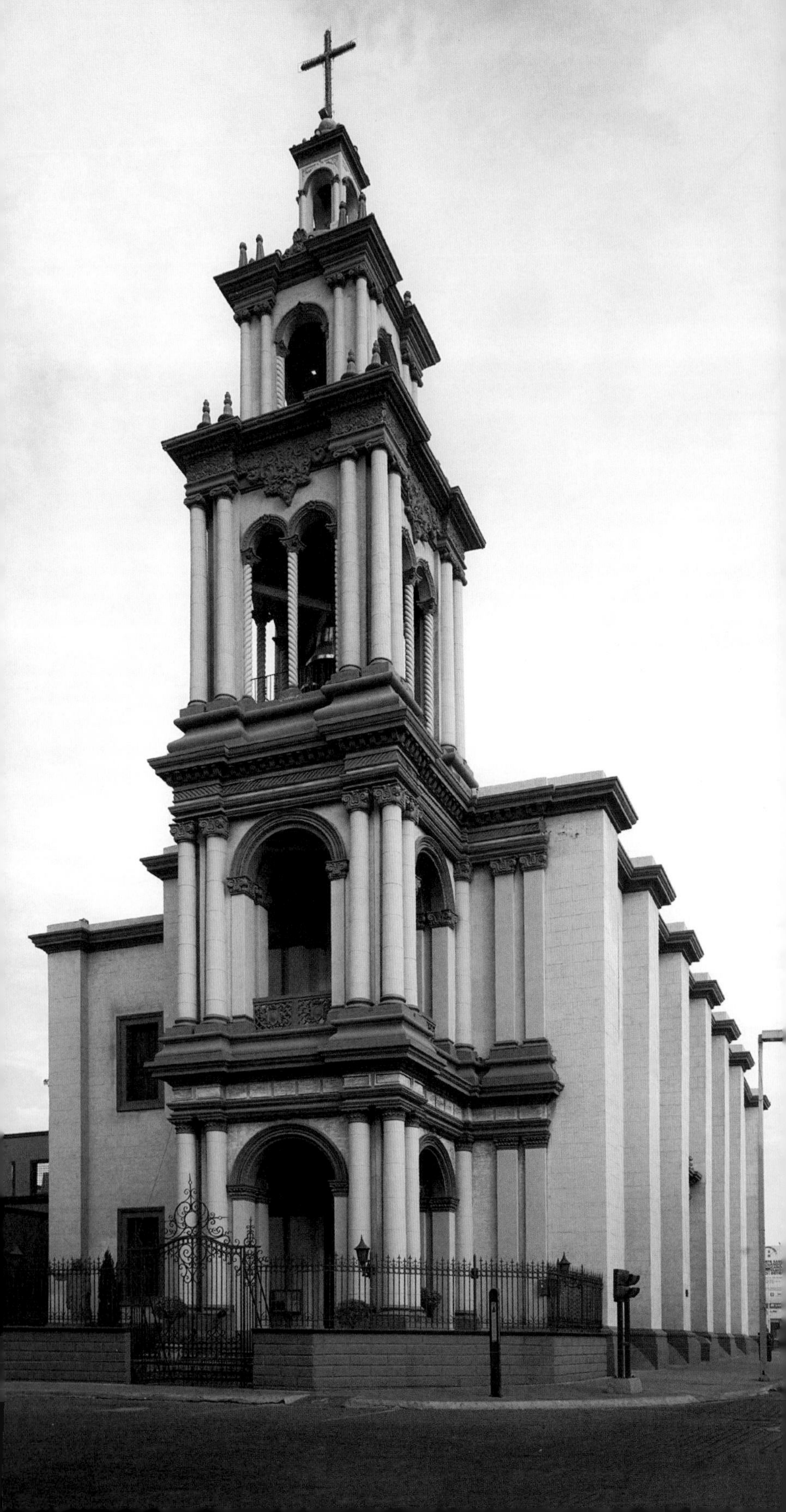

**Parroquia Sagrado
Corazón de Jesús**
5 de Mayo 545, Colonia Centro
desconocido / unknown;
Gabino Elizondo (campanario / belltower);
INAH (restauración / renovation)
1872–1902, 1915, 1980

015 A

Esta iglesia neocolonial fue construida en 1872 como el gran proyecto de la Sociedad Católica de Señoras de Monterrey, fundada en 1871. Tomó veintinueve años completar su nave principal, sacristía, baptisterio, capilla lateral y la primera parte de la torre del campanario, todo en piedra de sillar. Responde bien a su entorno, con la entrada principal ubicada en una calle lateral. La fachada principal cuenta con un campanario, terminado en 1915, que marca la entrada con cinco niveles abiertos como baldaquino. Los dos primeros están definidos por pares de columnas que enmarcan un arco en sus tres lados. El tercer nivel tiene doble arquería a cada lado, franqueada por columnas salomónicas. El cuarto nivel es de menor tamaño, con un solo arco coronado por una cúpula, y el quinto, aún menor, está coronado por una cruz. Su nave está cubierta por seis bóvedas de arista. Bajo la primera de ellas está el coro y bajo la última el altar. Su interior es sobrio, con detalles neoclásicos mezclados con elementos locales, como muebles de madera y suelos de mosaico de pasta. Su estado actual es el resultado de una restauración realizada en 1980.

> *Parroquia Sagrado Corazón de Jesús This neocolonial church was built in 1872 as part of a major project by the Sociedad Católica de Señoras de Monterrey, founded in 1871. It took 29 years to complete the main nave, sacristy, side chapel, baptistery, and the first part of the bell tower, all in traditional vernacular ashlar stone. It responds well to its surroundings with its main entrance on a side street. Its main façade features a bell tower as its entrance, completed in 1915, with five levels opened like baldachins. The first two levels are defined by pairs of columns that frame an arch on each of the three sides. The third level has double arches on each side, bordered by Solomonic columns. The fourth level is smaller with a single arch, topped by a dome. On top is the fifth level, which is smaller and is crowned with a cross. The single nave is covered by six groin vaults. Under the first one is the choir and under the last one the altar. The interior is sober with neoclassical details mixed with local elements such as wooden furnishings and floors in coloured 'pasta tiles'. Its current state is the result of a restoration carried out in 1980.*

Friso de la fachada sur del antiguo Palacio Federal/Frieze on the south façade

**Antiguo Palacio Federal
(o Palacio de Correos)**
Washington 655, Colonia Centro
*Manuel Muriel, FYUSA,
Antonio Lamosa, Manuel Marín;
INAH (restauración/renovation)*
1928–1930, 2002–2003

016 A

Este edificio se encuentra detrás del palacio de gobierno, en lo que antes fue la plaza de la República. En 1925, las oficinas dispersas de la federación necesitaban nuevos espacios, y fue el gobernador Aarón Sáenz quien en 1928 decidió encargar este nuevo edificio, que corresponde a la época de modernización de Monterrey. Construido en hormigón armado y en tan solo dos años, fue por más de veinte el único edificio en la ciudad de más de cuatro pisos. Su volumen rectangular, orientado norte-sur, tiene dos volúmenes más pequeños al este y oeste y una torre central de siete pisos rematada por una linterna con forma de pagoda. La geometría —de volúmenes escalonados, contornos angulares y bandas verticales— confirma su estilo *art déco*. Los detalles prehispánicos corresponden a las tendencias artísticas del nacionalismo posrevolucionario de la época. Las escaleras de las fachadas laterales están flanqueadas por cabezas de Quetzalcóalt, y la fachada sur tiene un bajorrelieve en el friso que representa a la justicia, acompañada de trabajadores agrícolas e industriales. Un proyecto del INAH, llevado a cabo en 2003, restauró el espléndido vestíbulo de triple altura con techo de bóveda de cañón. Aún se conservan los acabados en granito rojo, y las lámparas y piezas de hierro originales.
> Antiguo Palacio Federal This building is located behind the Palacio de Gobierno in

what was once the Plaza de la República. By 1925, the dispersed offices of the federation needed new premises, and governor Aaron Sáenz took the initiative to begin construction of this new building in 1928. The building corresponds to Monterrey's era of modernisation. Built in just two years using reinforced concrete, it was for over 20 years the only building in the city that was more than four storeys tall. It is a rectangular four-storey volume facing north and south, with two smaller volumes, east and west, and a central seven-storey tower topped with a pagoda-like lantern. Its geometry, stepped volumes, angular outlines, and vertical bands confirm its Art Deco style. Its pre-Hispanic details correspond to the artistic, post-revolutionary, nationalistic trends of that time. Its side façades feature two Quezalcóalt heads on each staircase and the south façade sports a bas-relief frieze that represents Justice, flanked by agricultural and industrial workers. A renovation project, carried out in 2003, restored its splendid three-storey open lobby with a barrel vault ceiling. It still maintains its red granite finishes, original iron works, and elegant lamps.

Museo de Historia Mexicana
Dr. José María Coss 445,
Colonia Centro
Augusto Álvarez, Óscar Bulnes
1994

017 A

Ubicado en la Macroplaza, este museo fue construido por iniciativa del gobernador Sócrates Rizzo. Fue inaugurado en 1994 y sirve como entrada al paseo Santa Lucía, obra terminada en 2007. El objetivo principal de este museo es ilustrar los diferentes aspectos de la vida en México, desde la época prehispánica hasta la actualidad, a través de una exposición que consta de más de 1.500 piezas. El museo cuenta con dos plantas de 15.000 m², apoyadas en una estructura abierta que contiene una exposición interactiva en el primer piso. La planta baja alberga exposiciones temporales, una biblioteca, un auditorio, oficinas y una tienda. El sótano dispone de estacionamiento subterráneo y un restaurante sobre el paseo Santa Lucía. El sistema constructivo consiste en una estructura prefabricada de acero cubierta por piedra blanca. El exterior es un simple cubo interrumpido por prismas triangulares en tres de sus fachadas. En el interior, la característica principal es una escalera de doble hélice, como en el Palacio de Chambord, que comunica el vestíbulo con la sala principal de exposiciones. Una escultura de Francisco Toledo, *La lagartera*, fue colocada en el 2008 en la plaza de entrada al museo, la explanada Santa Lucía.

> *Mexican History Museum* **Located in the Macroplaza, this museum was developed through the initiative of governor Sócrates Rizzo. It was inaugurated in 1994 and serves as an entrance to Paseo Santa Lucía, finished in 2007. The main objective of this museum is to illustrate the different aspects of life in Mexico throughout the country's history from the pre-Hispanic period to the present time, through a museography consisting of over 1,500 objects. The building consists of two floors of 15,000 square metres and is supported by an open structure to contain a free-plan interactive exhibition on the first floor. Its ground floor houses temporary exhibitions, a library, an auditorium, offices, and a gift shop. Its basement offers underground parking spaces as well as a restaurant that faces the riverwalk. Its building system is based on a prefabricated steel structure covered by white stone. Its exterior is a simple cube that responds to the warehouse character of its main areas. The cube has three tower-shaped triangular prisms on three of its façades. Inside, the building's main feature is a double-spiral staircase, like the one in Château de Chambord in France, that connects the foyer to the main exhibition hall. In 2008, La Lagartera, a sculpture by Francisco Toledo, was placed in the entrance plaza, la Explanada Santa Lucía.**

El Museo de Historia Mexicana y el Museo del Noreste marcan el principio del paseo Santa Lucía/*The Mexican History Museum and the Museo del Noreste mark the beginning of the Paseo Santa Lucía*

Museo del Noreste, MUNE
Dr. José María Coss 445,
Colonia Centro
Edmundo Salinas,
Manuel Lasheras
2007

`018` A

Este museo de arte contemporáneo se encuentra en la Macroplaza y está conectado por un puente con el Museo de Historia Mexicana, creando una puerta de entrada al paseo Santa Lucía. El diseño, de Salinas Lasheras, propone un volumen cúbico cerrado, revestido con placas de mármol, y que armoniza con su museo vecino. Una serie de bandas horizontales irregulares, que sugieren placas tectónicas o capas geológicas, se interrumpen por huecos o grietas verticales, generando un ligero contraste frente al edificio anterior. El principal interés de este museo es mostrar la historia del noreste de México, principalmente de los estados de Nuevo León, Coahuila, Tamaulipas y Texas. La exposición tiene seis entrepisos que, como las placas tectónicas, comienzan en la parte superior con la época actual y se mueve hacia abajo hasta la época precolombina.

Sus 11.000 m² de construcción, además de las zonas de exposición, incluyen un auditorio, una cafetería, estacionamientos, oficinas y espacios de almacén.

> *Museo del Noreste (MUNE) This contemporary museum, part of the Macroplaza, is connected to the Mexican History Museum by a bridge and serves as a gateway to the Paseo Santa Lucía. The museum's design, by Salinas Lasheras, is based on a closed cubic volume, clad with white marble in such a way that it blends in with its neighbouring museum. In contrast, its exterior is a series of horizontal irregular bands of marble that recall tectonic plates or geological layers broken by vertical openings or gashes. The main objective of this museum is to show the history of north-eastern Mexico, mainly the states of Nuevo León, Coahuila, Tamaulipas, and Texas. The exhibition area is divided into layers, with six mezzanines, and like tectonic plates, it starts at the top, in the present era, and moves downward into the pre-Columbian era. The 11,000-square-metre floor area contains the different exhibition areas as well as an auditorium, cafeteria, underground parking, offices, and warehouse spaces.*

Casa del Campesino
José Mariano Abasolo 1024,
Colonia Centro
desconocido/unknown;
Gustavo García, Cresenciano Garza
(murales/murals); INAH
(restauración/renovation)
circa 1717, 1938, 2008

`019` A

La Casa del Campesino se considera el edificio civil más antiguo de Monterrey. Está ubicada en el Barrio Antiguo, una zona con un trazado urbano de ciudad colonial, de calles estrechas y casas alineadas. Ha tenido diversos usos: inicialmente fue una vivienda para gobernadores, en 1792 fue un hospital para pobres, más tarde un hospicio y una escuela católica para niñas. En los años treinta fue confiscado por el gobierno y el movimiento agrario lo convirtió en la Casa del Campesino. Hoy en día comparte sus instalaciones con el Museo Estatal de Culturas Populares. El edificio tiene un estilo vernáculo muy simple, de muros de sillar con puertas y ventanas altas tradicionales que crean un ritmo alrededor de todas sus fachadas. Tiene tres patios interiores de ventilación. La parte más antigua del edificio —y el patio principal— se encuentran al norte, los otros dos patios son de menor importancia. También cuenta con una capilla cubierta con murales de los artistas García Gloryo y Garza Rivera, que datan de 1938 y representan los ideales del movimiento muralista mexicano. Este edificio fue restaurado en el año 2008.

> *Casa del Campesino* This is known as the oldest civil building in Monterrey, hence its location in the Barrio Antiguo, a neighbourhood with the urban structure of a colonial town with narrow streets and aligned houses. The building has had various uses. It was initially a house for state governors, then in 1792 became a hospital for the poor before becoming a hospice and even later a Catholic school for girls. In the 1930s it was confiscated by the government and turned by the agrarian movement into the Casa del Campesino ('farmer's house'). Today, it shares its premises with the Museo Estadal de Culturas Populares. The building has a very simple vernacular style consisting of ashlar bearing walls with typical, rhythmical and tall windows and doors. There are three inside patios for ventilation. The oldest part of the building is located to the north with its main patio; the two other patios are of lesser importance. The building also features a chapel that was covered with murals in 1938 by the artists Garcia Gloryo and Garza Rivera which depict the ideals of the Mexican muralist movement. The building was most recently restored in 2008.

A

Edificio La Capital

Washington 1400, Colonia Centro
rdlp arquitectos
2012

Este proyecto de uso mixto está situado en el centro de la ciudad, cerca del Barrio Antiguo y del paseo Santa Lucía. Se trata de un proyecto de renovación urbana del inversionista local Desarrollos Delta. Forma parte de un complejo mucho más grande, que propone la transformación de la zona a ambos lados del paseo Santa Lucía con seis torres de apartamentos, una torre de oficinas, un centro comercial y cines, y que pronto estará en construcción. El edificio La Capital es parte de este complejo, y consta de dos torres con apartamentos y oficinas en los pisos superiores y áreas comerciales en los inferiores, con una plaza que las conecta al paseo. El volumen más alto tiene 30 pisos, con una orientación este-oeste; la torre menor, de 12 pisos, tiene una orientación norte-sur. La fachada de ambas torres presenta una retícula que corresponde a la estructura del edificio, y refuerza así su carácter estético formal.

> *La Capital This mixed-use building, located in the city centre near the Barrio Antiguo and Paseo Santa Lucía, was created as part of an urban renewal effort by the local investor Desarrollos Delta. The building is part of a much larger complex that aims to transform this area, on both sides of the river, with six apartment towers, one office tower, a commercial centre, and cinemas – soon to be built. The La Capital building is part of this complex, which consists of two towers with apartments and offices on the upper floors and commercial areas on the lower floors. The building is connected to the river with shops and a plaza along the way. It consists of two rectangular volumes: a 30-storey tower, and a 12-storey tower. The tall tower has a west-east orientation while the lower one a north-south orientation. The façades of both towers have strips in a grid pattern that correspond to the building's structure, thus adding to its formal aesthetic character.*

Primera Iglesia Bautista
José Silvestre Aramberri 114,
Colonia Centro
desconocido / unknown
1927

021 A

Esta iglesia fue la primera iglesia bautista de México. Santiago Hickey —un misionero irlandés— la estableció en 1864, dos años después de su llegada a la ciudad. Hickey eligió a Tomás Westrup como primer pastor en 1871, y juntos lograron hacia 1885 construir una modesta primera iglesia en el actual predio. En 1911 construyeron la primera parte de la iglesia actual, completada por Ernesto Barocio en 1927. Estaba inspirada en iglesias protestantes estadounidenses, a su vez influenciadas por iglesias inglesas. Sus principales características son el ladrillo rojo, el techo inclinado y el uso de elementos clásicos —como el frontón apoyado en columnas corintias—, pero su característica más distintiva es la aguja en la parte superior, inspirada en las iglesias de Christopher Wren. Tiene forma octogonal, terminación en punta y tres relojes. Un elemento gótico es el rosetón que se encuentra bajo el frontón. En el interior, las alargadas ventanas laterales permiten la entrada de abundante luz y la atención se centra en el púlpito, el coro y el baptisterio. En 1942 se añadió un volumen de tres pisos en su lado sur, para las clases de escuela dominical y otras actividades.

> *Primera Iglesia Bautista* This church was the first Baptist church established in Mexico. James Hickey, an Irish missionary, opened the church in around 1864, around two years after his arrival in Monterrey. Hickey ordained Tomas Westrup as the first pastor in 1871. They were able to build a modest church on the current site by 1885. By 1911, they built the first part of the current church, which was completed by Ernesto Barocio in 1927. This building was inspired by protestant American churches, which were in turn influenced by English churches. Its main characteristics include the use of red brick, the pitched roof, and classical elements such as the pediment supported by four Corinthian columns. It also has a distinctive spire, inspired by Christopher Wren's churches. The spire sits in the centre above the pediment and has an octagonal shape with a pointed tip and three clocks. A gothic detail is a rose window under the pediment. Inside, the elongated side windows let in much light and the attention is focused on the pulpit, the choir, and the baptistry. In 1942, a three-storey red-brick extension was added to the church, towards the south, for Sunday school classes and other activities.

Iglesia de Nuestra Señora
del Perpetuo Socorro
Juan Méndez Norte 230,
Colonia Centro
desconocido/unknown
1950–1954

Esta imponente iglesia contrasta con el pequeño templo que se encuentra a su lado y la estrecha calle en la que están ubicados. La fachada es neobarroca y simétrica, con un campanario de tres pisos a cada lado y tres entradas arqueadas. La entrada principal está flanqueada por dos pisos de delgadas columnas corintias dobles, y coronada por un frontón partido. Tiene ricos detalles florales, rosetas, balaustradas y nichos con esculturas, así como una espléndida cúpula con un mosaico azul y amarillo y una linterna sobre la cual se encuentra la estatua de Nuestra Señora del Perpetuo Socorro. Su amplio interior responde a una planta basilical, con dos naves laterales y una nave central apoyada en arcos sobre esbeltas columnas corintias. Pese a ser una construcción

El humilde Templo de Nuestra Señora de los Dolores pasa desapercibido junto a la magnífica Iglesia del Perpetuo Socorro

The humble Templo de Nuestra Señora de los Dolores stays unnoticed beside the magnificent Iglesia del Perpetuo Socorro

moderna, se percibe un carácter renacentista. Las naves laterales están cubiertas por bóvedas de arista, y la nave principal por una combinación de bóvedas de arista y de cañón. Una cúpula de casetones apoya en un tambor octogonal adornado con vitrales. El claristorio y las ventanas de la nave lateral iluminan el interior con 60 llamativos vitrales hechos en 1954 por la Unión de Artistas Vidrieros de Irún, España, y que constituyen la colección más importante de la ciudad.

> *Iglesia de Nuestra Señora del Perpetuo Socorro* *This imposing church contrasts with the one adjoining it and with the narrow street on which it sits. The façade is neobaroque and symmetrical, with two three-storey bell towers and three arched entrances. Its main entrance is flanked by two*

storeys of slender double Corinthian columns topped by a broken pediment. It has rich floral details, balustrades, and niches with sculptures. Its splendid dome is covered with a blue and yellow mosaic and has a lantern, on top of which stands a statue of Our Lady of Perpetual Help. Inside, there are two lateral naves and a central one supported by arches on slender Corinthian columns. This gives it a Renaissance character even though a modern construction method was used. It has groin vaults on the lateral naves and a combination of groin and barrel vaults over the main nave. A coffered cupula is supported by an octagonal drum with stained-glass windows. Its clerestory and lateral nave windows illuminate the interior with 60 striking stained-glass panels made in Irun, Spain, in 1954.

**Templo de Nuestra Señora
de los Dolores**
Ruperto Martínez 333,
Colonia Centro
*desconocido / unknown;
restáurika (restauración / renovation)*
1909, 2014

023 A

Esta iglesia, construida a principios del siglo XX, fue encargada por el arzobispo Santiago de la Garza Zambrano. Está situada en el centro de la ciudad, cerca del Mesón Estrella, y se encuentra al lado de la Iglesia del Perpetuo Socorro, construida años más tarde. Sus fachadas son modestas, con piedras de sillar expuestas y simples detalles neoclásicos y neobarrocos. La fachada principal tiene dos niveles, y la entrada está flanqueada por dobles pilastras, de estilo jónico en la parte inferior y corintio en la parte superior. Tiene un campanario a cada lado —lo que es bastante inusual en esta región— con detalles curvos neobarrocos. La planta es de cruz latina con una sola nave, tiene bóvedas de crucería con ventanas en el claristorio y un ábside con su retablo. El crucero tiene un tambor octogonal y ocho vitrales, coronados por una cúpula apuntada con linterna. Los muros están decorados con pilastras y frisos. Los altares laterales y el retablo tienen elementos decorativos de estilos neobarroco y neogótico. El interior es extraordinario, con 4.000 m² de coloridos murales en las bóvedas, el tambor y la cúpula. Estos murales —en suaves tonos verdes, amarillos y rojos— datan de 1938, y fueron restaurados recientemente, siendo considerado ahora uno de los interiores más singulares de Monterrey.

> Templo de Nuestra Señora de los Dolores
This church, built at the turn of the 20th century, was commissioned by Archbishop Santiago de la Garza Zambrano. Located in the middle of the old produce market, Mesón Estrella, it stands beside the Iglesia del Perpetuo Socorro, which was built years later. Its exterior has modest façades with exposed ashlar stone and simple neoclassical and neo-baroque details. Its main façade has two levels flanked by double pilasters – Ionic below and Corinthian above. It has two bell towers on each side – a feature that is quite unusual for this region – with playful, curved neo-baroque details. It has a single nave based on a Latin-cross floor plan, with groin vaults, clerestory windows, and an apse with its altarpiece. The transept has an octagonal drum and eight stained-glass windows, crowned with a pointed dome with a lantern. The walls are animated with ornate pilasters and friezes. The side altars and altarpiece have highly decorative neo-baroque and neo-gothic elements. What is extraordinary about its interior is the 4,000 square metres of colourful murals on its vaults, drum, and dome. These murals, from 1938, in soft greens, yellows, and reds, were recently restored, which gives this church one of the most unique interiors in Monterrey.

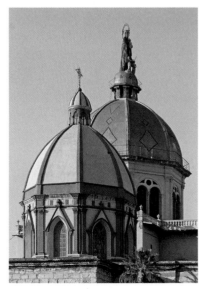

Colegio Civil, Centro Cultural Universitario

Calle Colegio Civil s/n.,
Colonia Centro
Juan Crousset, FYUSA;
Juan Casas, Elisa Sánchez, INAH
(restauración/renovation)
1793–1939, 2007

Ubicado en una manzana de la entonces extensión norte de la ciudad, este edificio se construyó en 1793 como hospital. Comenzó como un sencillo edificio vernáculo de sillar, de estilo neoclásico. Tenía una planta, pequeños patios, arcos de orden dórico y una capilla. Fue adaptado en 1810 como cuartel general, y permaneció en uso hasta la intervención francesa en 1860. Diez años más tarde se convirtió en una escuela media superior conocida como Colegio Civil, y fue de nuevo adaptada en 1933 cuando entró a formar parte de la universidad estatal. Uno de sus patios fue transformado en aula magna en estilo neogótico, con seis vitrales de Roberto Montenegro. En 1939 se agregó un nuevo piso con varias aulas, un vestíbulo y fachadas en estilo colonial mexicano —inspirado tal vez en la Escuela Nacional Preparatoria de San Ildefonso. Su fachada principal tiene dos entradas laterales y una central en tezontle, y detalles coloniales. En 2007 fue transformado en centro cultural, gracias a una cuidadosa restauración. Algunos de sus elementos originales están todavía presentes, como testimonio de esta evolución.

> *Colegio Civil Construction for this building started in 1793, on a block in the then northern extension of the city. The building started out as a hospital in a simple, vernacular, neoclassical style. It was made of ashlar stone and featured small patios,*

Doric arches, a chapel, and hospital rooms all on one floor. It was converted into a military headquarters in 1810 and remained in use until the French intervention in 1860. It was repurposed as an upper middle school known as Colegio Civil in 1870. The building was adapted once again in 1933, when it became part of the state university. Roberto Montenegro converted one of its patios into an auditorium in a neo-gothic style, fitting it with six stained-glass windows. In 1939, a new storey was added, with a vestibule, new classrooms, and façades in a Mexican colonial style inspired perhaps by the Escuela Nacional Preparatoria de San Ildefonso. Its main façade has two side entrances and a central one featuring tezontle stone and colonial-style details. Finally, in 2007 it was turned into a cultural centre as part of a careful restoration project. It now features some of its previous elements as a reminder of its history and transformation through time.

Basílica de Nuestra Señora del Roble

025 A

Benito Juárez / 15 de Mayo,
Colonia Centro
Lisandro Peña, Ignacio Guajardo
1853–1905, 1957–1964

La iglesia original fue construida con un estilo vernáculo, y se remonta a 1853. Se ubicó en el mismo lugar donde fue hallada —dentro del tronco de un roble— una pequeña escultura de la Virgen María. Esta iglesia estuvo durante muchos años en construcción, y sufrió grandes daños tras el derrumbe de la cúpula en 1905. No fue hasta 1957 que fue reconstruida por Lisandro Peña, quien se inspiró en las basílicas romanas de San Pablo Extramuros y Santa María en Cosmedin. Su diseño corresponde a una planta basilical, con una nave central más alta que las laterales, y ventanas en el claristorio apoyadas sobre 24 columnas jónicas. La nave central termina en una bóveda semicircular donde está situado el altar bajo un baldaquino. El interior tiene una decoración suntuosa, con terminaciones en mármol y oro. En el exterior destaca el pórtico, formado por ocho grandes columnas corintias, y a su derecha se ubica un campanario, que con sus 75 m de altura es

el más alto de México. Pese a sus características académicas, este edificio fue construido con una estructura de hormigón y acero, proyectada por el ingeniero Ignacio Guajardo.

> *Basílica de Nuestra Señora del Roble The original church was built in a vernacular style in 1853. It was built on a site where a small sculpture of the Virgin Mary was found inside the trunk of an oak tree. This church was continuously under construction and was severely damaged when its dome collapsed in 1905. It wasn't until 1957 that it was reconstructed by Lisandro Peña, who took inspiration from the Papal Basilica of St. Paul Outside the Walls and from the Basilica of Saint Mary in Cosmedin, both in Rome. The church consists of a central nave that is taller than its two aisles and features a row of clerestory windows raised on 24 Ionic columns. The nave ends in a semicircular vault where the altar stands under a baldaquin. The interior is sumptuously decorated with marble and gold finishes. The exterior has a portico with eight large Corinthian columns. It also has a tower, located on its right side, which, with a height of 75 metres, is the tallest campanile in Mexico. Despite its academic features, the building is made of reinforced concrete based on a steel structure by Ignacio Guajardo.*

Hospital de Zona 21, IMSS
Pino Suárez s/n., Colonia Centro
Guillermo Quintanar,
Antonio Serrato, Antonino Sava
1950–1959

026 A

Está ubicado en el mismo lugar que ocupó el antiguo hospital civil, que databa de 1869 y fue abandonado cuando se construyeron sus nuevas instalaciones en las afueras de la ciudad. Tras una serie de controversias, el antiguo edificio fue demolido en 1949 y en su lugar se construyó este moderno hospital, diseñado por el departamento de proyectos del Instituto Mexicano del Seguro Social, establecido en 1943. Tiene una configuración en forma de «H», con tres volúmenes de diferentes alturas. Presenta un equilibrio asimétrico, típico del neoplasticismo, y una línea aerodinámica expresionista. Está quizás inspirado en los almacenes de Erich Mendelsohn en Stuttgart o Breslavia. La característica más interesante de este edificio es su ala sur, un volumen alargado de diez pisos, con corredores exteriores curvados en los extremos. Se asemeja al hospital infantil construido por José Villagrán en 1941. A través de los años ha sufrido ampliaciones y cambios, uno de los más importantes fue la transformación de la entrada, con rampas curvas —ahora desaparecidas— similares a la entrada del hospital de cardiología construido por Villagrán García en 1937.

> Hospital de Zona 21 This building is located on the site of the old Hospital Civil (1869), which was abandoned when its new premises were built on the outskirts of the city. The old hospital was demolished in 1949 and the modern hospital – designed by the Project Department of the Instituto Mexicano del Seguro Social, established in 1943 – took its place as Mexico's public health institute. It has an H-shaped design, with three volumes of different heights. The design draws on the asymmetry of neoplasticism and the dynamism of expressionism. It is perhaps inspired by Erich Mendelsohn's department stores in Stuttgart and Wroclaw. The building's south wing is an elongated 10-storey structure with exterior corridors on all of its floors and curves at each end. The building resembles the Hospital Infantil, by José Villagrán García, built in 1941. It has suffered changes and additions throughout the years. One of the most important of these was the transformation of the entrance, which used to have curving ramps that have since been removed. This former entrance resembled the entrance of Villagrán's Hospital de Cardiología, built in 1937.

Condominio Monterrey

Padre Mier 190, Colonia Centro
Gustavo Struck, Héctor Núñez
1958–1961

027 A

En los años cincuenta, Monterrey experimentó un gran crecimiento comercial e industrial, lo que requirió que el antiguo Mercado Colón —situado en el centro de la ciudad— diera paso a este moderno edificio. Este complejo tenía originalmente forma de herradura, con dos torres iguales, rectangulares y paralelas, de once pisos de altura. Estaban unidas por un edificio bajo de tres pisos, creando una plaza. La planta baja de las torres era una doble altura que albergaba varios bancos. Le seguía un piso retranqueado, que sostenía los nueve pisos de oficinas. La torre norte, levemente más alta, tenía un ático de dos niveles, donde estaba el destacado Club Industrial, un club exclusivo de empresarios. Las fachadas norte y sur tenían ventanas corridas sombreadas por lamas verticales. La plaza estaba hundida, con una fuente en el centro, una escultura y un mural abstracto.

Lamentablemente, la plaza ha desaparecido y tanto la base de las torres como el edificio bajo se han transformado en un centro comercial y un cine.

> *Condominio Monterrey* **Monterrey** *experienced rapid commercial and industrial growth in the 1950s, forcing the Mercado Colón, the old market in the city centre, to give way to this modern building. The complex was originally shaped like a horse shoe, with two rectangular 11-storey towers in parallel. These were joined by a three-storey building that formed a plaza. The towers each had a two-storey base that housed various banks. The recessed third floor supported a nine-storey shaft that housed offices. The northern tower, which was slightly taller, had a two-level penthouse for the prominent Club Industrial, an exclusive businessman's club. The long façades, facing north and south, featured ribbon windows shaded with vertical elements. The modern plaza was sunken and had a central fountain as well as an an abstract sculpture and mural. Unfortunately, the plaza no longer exists, and the bottoms floors of the complex have become a shopping centre with a cinema.*

Edificio Chapa
Emilio Carranza 732,
Colonia Centro
Guillermo González,
Antonino Sava
1946–1950

028 A

Este fue durante diez años el edificio más alto de Monterrey. Fue considerado un verdadero símbolo de la modernidad, no solo por el carácter aerodinámico de su diseño, sino por varias innovaciones involucradas en su proceso de construcción, como la estructura de acero que fue suministrada por la fundición local. Consta de un sótano, planta baja y once pisos. La planta baja es más alta que el resto y sirve de zona comercial (en la calle Padre Mier) y de entrada a las oficinas (en la calle lateral). Las dos fachadas principales son diferentes, y diseñadas en función de su orientación. La fachada sur tiene un patrón reticular antepuesto que la protege del sol, mientras que la fachada este tiene modernas ventanas corridas que doblan hacia el sur, y una línea vertical de ventanas circulares en el lado opuesto, donde se encuentran las escaleras. Lamentablemente, la planta baja fue transformada en 1995 y se ocultaron las columnas cilíndricas, perdiendo así parte de su carácter.

> *Edificio Chapa* This was the tallest building in Monterrey for over 10 years. It was regarded as a symbol of modernity due to its streamlined appearance and the innovations that were involved in the construction, such as the steel structure, supplied by the local foundry. The building has one basement and 11 levels above. The ground floor, which is taller than the rest, serves as a commercial area on the main street of Padre Mier and as the entrance to the offices on the side street. There are two main façades, each of which is tailored to its orientation. The south façade has a rectangular grid pattern that serves as a brise soleil, while the east façade features modern ribbon windows that fold towards the south. The east façade also has a staircase at the northern end with circular windows. Unfortunately, the ground floor was transformed in 1995, and the cylindrical columns were concealed as a result.

Edificio Urbania
Parás 850, Colonia Centro
Ricardo Guajardo;
GLR Arquitectos
(restauración/renovation)
1959–1960, 2008–2011

029 A

Este inmueble, conocido anteriormente como Edificio Monterrey, está ubicado en Morelos, una calle peatonal en el corazón de la ciudad. Su restauración es un proyecto de «reciclaje arquitectónico» para revitalizar el centro histórico. El edificio original data de 1959 y fue proyectado por Ricardo Guajardo como sede (en régimen de condominio) de Seguros Monterrey, Banco Nuevo León y Financiera de Nuevo León. Fue uno de los primeros edificios altos de la ciudad, una estructura de hormigón de 60 m de altura. Tiene un sótano y una planta baja de dos alturas de uso comercial. La torre de oficinas, de 16 pisos, presenta ventanas en sus fachadas norte y sur, y paredes de ladrillo rojo en sus fachadas este y oeste. Estuvo desocupado hasta el 2008, y tras su renovación se convirtió en un edificio de viviendas, con pequeños estudios y espacios comunes. Las zonas comerciales se mantuvieron en la base, mientras que los nuevos servicios fueron agregados en cuatro nuevas plantas construidas sobre el edificio anterior. El proyecto de GLR respetó el carácter del

edificio original, y lo complementó con un lenguaje contemporáneo en los nuevos pisos mediante los distintos materiales y modulaciones de ventanas y vanos.

> *Edificio Urbania* This building, formerly Edificio Monterrey, is located on Morelos, a pedestrian street in the heart of the city. It was created as a work of 'recycled' architecture. The aim was to revitalise Monterrey by restoring an office building from the late 1950s. The original building was designed by Guajardo and served as the headquarters of Seguros Monterrey, Banco de Nuevo León, and Financiera de Nuevo León, all privately owned offices, as part of a condominium scheme. It was one of the city's first high-rise buildings: a concrete structure standing 60 metres tall with a basement, a double-height ground floor, and 16 floors above. The two-storey base was for commercial use. The office tower has windows on its north and south façades and blank red-brick walls on its east and west façades. It was abandoned until 2008, when it became an apartment building with a variety of studio apartments and other amenities. The commercial areas remain in the base while the new amenities were added in four new floors built on top. The project by GLR retained and enhanced the character of the original building while adding a contemporary expression on the top using different materials and by modulating the windows and openings.

Gran Hotel Ancira

030 A

Melchor Ocampo 443 Oriente,
Colonia Centro
Charles Sarazin, Henri Sauvage
1909–1912

Este hotel conserva un pedazo de la historia de Monterrey. Está ubicado en el corazón de la ciudad y, pese a los cambios que esta zona ha sufrido, su fachada parece resistir el paso del tiempo. Fernando Ancira, un joven empresario, encargó este hotel a dos arquitectos franceses en el año 1900 en París. Contaba con 70 habitaciones, todas con baño privado, en torno a un patio central cubierto con un vitral. El edificio sigue un estilo *beaux arts*, con barandillas, balcones, columnas, cornisas, pilastras, frontones y exteriores de piedra. Justo en su eje de simetría se encuentra la entrada, en una esquina curva con un frontón adornado con guirnaldas y un mascarón *art nouveau* de una bella mujer. El hotel ha sufrido varios cambios, el más importante de los cuales fue quizás en los años setenta, cuando se añadió una extensión al oeste, un cuarto piso con buhardilla y una piscina. Sus interiores sufrieron cambios excepto el bar, conocido como Bar 1900. Durante la revolución fue ocupado por Pancho Villa y sus tropas. Otras importantes personalidades se han alojado aquí, como Luciano Pavarotti,

María Félix y Gabriel García Márquez. En 1992 fue declarado monumento artístico y patrimonio cultural de la nación.

> Gran Hotel Ancira This hotel retains a piece of Monterrey's history. It sits in the heart of the city, and though everything else has changed, its façade has stood the test of time. Fernando Ancira, a young entrepreneur, commissioned two French architects in Paris in 1900 to design this hotel. It consisted of 70 rooms, all with private bathrooms, surrounding a central patio covered by a stained-glass skylight. The building has a Beaux-Arts design, with balustrades, balconies, columns, cornices, pilasters, pediments, and stone exteriors. Its symmetry is centred on the curved corner entrance which displays the hotel's main feature, a curved pediment adorned with garlands and an Art Nouveau mascaron of a beautiful woman. The hotel underwent several changes over the years, of which the most important was perhaps in the 1970s, when an extension was added to the west and an additional floor was built with a mansard and swimming pool. The interior has changed but its bar, Bar 1900, is still the same. The hotel was occupied by Pancho Villa and his troops during the revolution. Other important personalities have stayed here such as Luciano Pavarotti, María Félix, and Gabriel García Márquez. In 1992 it was declared an artistic and cultural monument of the nation.

Pabellón M

Constitución s/n., Colonia Centro
Landa Arquitectos,
Salomón Marcuschamer
2004–2016

031 A

El declive del centro de Monterrey comenzó en los años ochenta, cuando el centro financiero, los desarrollos inmobiliarios y las inversiones corporativas emigraron a San Pedro. A principios de este siglo comenzaron a surgir varios proyectos de regeneración, uno de ellos fue el Pabellón M. Se construyó en la avenida Constitución, el corazón de la ciudad, en lo que una vez fue un mercado conocido como Mercado Colón. Las obras se iniciaron en 2004 —tras el traslado del mercado a nuevas instalaciones— con la construcción del primer proyecto, las Torres M. Este consistía en dos torres y fue modificado en 2010 por Agustín Landa, transformándolo en el actual Pabellón M. Consta de oficinas, un auditorio, un centro de convenciones, un centro comercial y un hotel. El proyecto fue terminado en 2016 con una torre de 216 m de altura de vidrio y hormigón, que alberga el Hotel Fiesta Americana, la Torre InverCap y un helipuerto. También se incorporó el Auditorio M, en forma de huevo, con capacidad para 4.500 personas, similar al auditorio del Parque Científico de Hong Kong. Este proyecto seguro atraerá nuevas inversiones al centro de la ciudad.

> *Pabellón M Monterrey's downtown area began to decline in the 1980s and 1990s, as the financial centre, real estate developments, and corporate investments migrated to San Pedro. Later, in the early 2000s, various projects began to emerge with the aim of regenerating the downtown area. Pabellón M is one of them. It was built on Avenida Constitución, the heart of the city, on what was once a marketplace known as Mercado Colón. The project was launched in 2004, when the marketplace was moved to new premises and construction for the first project, Torres M, could begin. This project consisted of two towers and was modified in 2010 by Agustín Landa, who transformed it into Pabellón M. This newer building consists of office areas, an auditorium, a convention centre, a commercial centre, and a hotel. In 2016, the project was finished with the completion of a 216-metre-tall tower made of glass and concrete that houses Hotel Fiesta Americana, InverCap Tower, and a heliport. It features the egg-shaped M Auditorium that seats 4,500 people, like the auditorium in Hong Kong Science Park. This project will attract new investments in the city centre.*

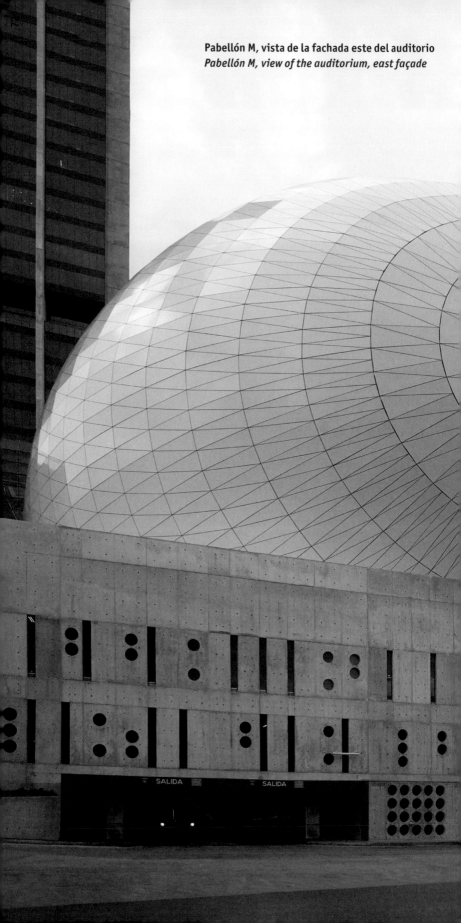

Pabellón M, vista de la fachada este del auditorio
Pabellón M, view of the auditorium, east façade

Templo San Luis Gonzaga
Miguel Hidalgo 280,
Colonia Centro
Bernardo Reyes, Genaro Dávila;
Alberto Compiani
(restauración/renovation)
1898–1923, 1990

032 A

Esta iglesia fue encargada por Aurelia Ochoa, esposa del gobernador Bernardo Reyes y construida por su hijo, Bernardo Reyes Ochoa, a principios del siglo XX. Está situada en una calle muy transitada del centro de la ciudad, y presenta un gran atrio que ofrece privacidad. Tiene un inusual diseño ecléctico, debido a la combinación de la planta redonda y las torres y detalles góticos. Es un cilindro de dos plantas flanqueado por dos torres al frente y dos detrás con un acabado almohadillado. Tiene un tambor octogonal que sostiene una cúpula apuntada con costillas, coronada con una linterna. Su fachada principal tiene una puerta ojival central y un rosetón con tracería rectilínea en la parte superior. Las torres son octogonales con arcos apuntados en cada nivel, y terminan con agujas góticas y pináculos. En el interior, su nave central redonda está rodeada por un balcón también octogonal apoyado sobre ocho esbeltas columnas que forman arcos ojivales en el segundo piso. Está iluminada por vitrales, situados en la fachada y en el tambor de la cúpula. Esta iglesia, restaurada en 1990, es relevante por su originalidad y por ser el único templo expiatorio en la ciudad.

> *Templo San Luis Gonzaga* This church, for which construction began at the turn of the 20th century, was commissioned by Aurelia Ochoa, wife of governor Bernardo Reyes, and built by their son, Bernardo Reyes Ochoa. Located on a busy street in the city centre, it offers a large atrium for privacy. It has an unusual, eclectic design based on a round floor plan and gothic towers and details. A two-storey cylinder is flanked by two towers at the front and two at the back with a rough, rusticated finish. It has an octagonal drum that supports a pointed ribbed dome that is in turn crowned with a lantern. The main façade has a central ogival door and a rose window with rectilinear tracery on top. The towers have an octagonal shape with pointed arches on each floor and end with gothic spires and pinnacles. Inside, the round central nave is surrounded by an octagonal balcony supported by eight slender columns that form ogival arches on the second floor. The interior is illuminated with stained-glass windows located on the façade and on the dome's drum. This church, renovated in 1990, is relevant for its uniqueness and for being the only expiatory church in the city.

Cine Río 70

Serafín Peña 1051,
Colonia Centro
Gerardo Garza, Francisco Castaño
1970

Este cine es un icono en el paisaje de Monterrey debido a su forma y ubicación en la avenida Constitución. Fue inaugurado en 1970, de ahí su nombre. Sus dueños, los hermanos Armando, Osvaldo, Lucas y José Óscar Villarreal Valdés, querían un diseño moderno que revolucionara el concepto de las antiguas salas de cine. Las condiciones geológicas del terreno —al lado del río Santa Catarina— eran difíciles, por lo que se optó por una estructura ligera basada en una cúpula geodésica. Esta consta de una retícula de módulos hexagonales, que pueden verse tanto desde el exterior como desde el interior, apoyada en un tambor cilíndrico. Cuenta con más de 900 asientos en una sola sala con un nivel superior y uno inferior. El vestíbulo, el quiosco y los baños se encuentran debajo del nivel superior de la sala. La entrada está marcada por una enorme marquesina de hormigón que lleva su nombre. Fue remodelado en 1998 y todavía funciona como cine y como auditorio. Existen solamente dos cines con una estructura de domo geodésico en América, el Pacífic Cinerama Dome, construido en el Sunset Boulevard en Los Ángeles en 1963, y Cine Río 70.

> *Cine Río 70* This cinema is an icon in Monterrey's landscape due to its shape and location on Avenida Constitución. It was inaugurated in 1970, hence its name. The owners Armando, Osvaldo, Lucas, and José Oscar Villarreal Valdés wanted a modern design that would revolutionise the concept of the old movie houses. The geological conditions of the site near the Santa Catarina River were challenging. Therefore, the owners opted for a light-weight structure based on a geodesic dome. The dome consists of hexagonal modules that can be seen both from the outside and the inside, supported by a cylindrical drum. It holds over 900 seats within a single hall with an upper and a lower level. The lobby, concession stand, and bathrooms are located under the upper level. The entrance is marked by an enormous concrete marquee. It was remodeled in 1998 and functions not only as a cinema but as an auditorium as well. There are only two geodesic dome cinemas in the Americas: the Pacific Cinerama Dome, built on Sunset Boulevard in LA in 1963, and Cine Río 70.

Iglesia de la Purísima
Miguel Hidalgo 248,
Colonia Centro
Enrique de la Mora
1940–1946

Esta moderna construcción está ubicada en el mismo predio donde estuvo la antigua iglesia colonial de La Purísima desde 1700. Fue construida gracias a la devoción de sus feligreses, el apoyo del arzobispo Tritschler y el financiamiento de un comité de empresarios locales presidido por Antonio L. Rodríguez. El uso de hormigón, acero y vidrio representa el progreso industrial de la ciudad. Su innegable carácter moderno es visible en la estructura, compuesta por un relativamente delgado cascarón de hormigón, sin columnas interiores ni contrafuertes. No hay distinción entre paredes y techo, y no hay superficies ortogonales. Pese a ser la primera iglesia moderna en México, muestra elementos convencionales como una planta de cruz latina, un ábside y un campanario. La nave central es un simple arco parabólico extruido que se intersecta perpendicularmente con otro, dando forma a la planta en cruz. En el interior se observan una serie de costillas de hormigón y altares laterales de forma parabólica entre cada costilla. El ábside también tiene forma parabólica con un hermoso vitral perimetral. Incluye algunas obras de escultores como Laubner y Hoffman de Ysenbourg, y de los pintores González Camarena, Benjamín Molina, Federico Cantú y Guerrero Galván.

> *Iglesia de la Purísima* This modern church is on a site where an old colonial church, La Purísima, from 1700 once stood. The modern church was built thanks to the devotion of its parishioners, the support of the archbishop Tritschler, and funding from a committee of local entrepreneurs presided by Antonio L. Rodriguez. The way concrete, steel, and glass are used for this church represents the city's industrial progress. The structure, composed of a relatively thin concrete shell with no interior columns or exterior buttresses, gives the church its undeniably modern character. There is no distinction between wall and roof, and there are no orthogonal surfaces. Although it is the first modern church in Mexico, it still has conventional elements: a Latin-cross floor plan, an apse, and a bell tower. The central nave consists of simple parabolic arches; another series of arches serves as the transept. A series of concrete ribs are visible on the inside, and there is a parabolic altar between every two neighbouring ribs. The apse also has a parabolic shape with a beautiful stained-glass window. The church also features impressive works by sculptors such as Laubner and Hoffman de Ysenbourg, and painters such as González Camarena, Benjamín Molina, Federico Cantú, and Guerrero Galván.

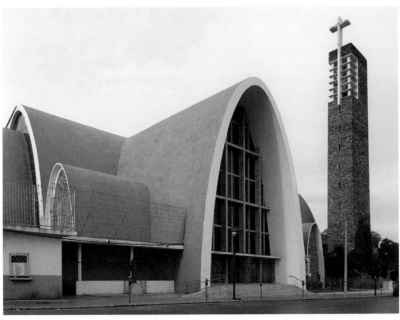

Escuela Fernández de Lizardi
Serafín Peña 130,
Colonia Centro
Cipriano González,
Miguel Osuna, FYUSA
1928–1930

035 A

Se encuentra dos manzanas hacia el oeste de la Alameda, en lo que fue la antigua plaza de San Jacinto. Fue financiada por José Calderón —un próspero hombre de negocios—, la asociación de masones, la YMCA y los residentes del barrio. Fue diseñada por el arquitecto español Cipriano González y el ingeniero Miguel Osuna, y construida por FYUSA. Tiene un sótano, planta baja y primer piso, con 26 aulas (para 1.400 estudiantes), laboratorios, talleres, sala de profesores, biblioteca, un auditorio de doble altura, oficinas administrativas, gimnasio, bodegas, baños con duchas, patio de honor y patio de recreo. Se considera un edificio singular por su construcción en hormigón armado, la amplitud de los espacios, el carácter solemne y las instalaciones educativas. Este impresionante edificio de dos plantas cubre toda la manzana. Su fachada este tiene un acceso central, delimitado por dos grandes columnas, que conduce directamente al vestíbulo, al auditorio y a las aulas. Su carácter formal refleja la influencia académica; por su simetría, el ritmo de ventanas, la base y la cornisa. Este colegio, inaugurado en 1930 por el gobernador Aarón Sáenz, recuerda a los edificios construidos después de la revolución, al ser una moderna institución educativa de carácter monumental y académico.

> *Escuela Fernández de Lizardi* This school is located two blocks west from the Alameda in what was once the old Plaza de San Jacinto. The school was sponsored by José Calderón, a prosperous businessman, the Association of Freemasons, the YMCA, and the residents of the neighbourhood. It was designed by the Spanish architect González Bringas and the engineer Osuna Trevino, and constructed by FYUSA. The school has a ground floor, first floor, and basement and offers 26 classrooms for 1,400 students. It also features laboratories, workshops, a faculty lounge, a library, a double-height auditorium, administrative offices, a gymnasium, storage rooms, toilets with showers, a courtyard, and a playground. It is considered a unique building due to the use of reinforced concrete and its generous spaces, solemn character, and educational facilities. This impressive two-storey building fills the entire block in which it is located. Its grand façade, on the east, has a central entrance between two large columns that leads straight into the foyer, auditorium, and the classrooms on each side. The design's formal character reflects its academic influence – in its symmetry, the rhythm of its windows, its base, and cornice. This school, inaugurated by governor Aarón Sáenz in 1930, recalls the buildings constructed after the revolution, being a modern educational institution with a monumental and academic character.

Escuela Presidente Calles
Francisco I. Madero 1386,
Colonia Centro
Antonio Saya, FYUSA; INAH
(restauración/renovation)
1935–1942, 1990

036 A

Esta escuela primaria, que forma parte de un complejo educativo, fue la única construida en los terrenos de lo que fue la ciudadela. Se considera una escuela monumental, construida como parte de los esfuerzos del gobierno para proporcionar educación después de la revolución. Fue diseñada por FYUSA, pero tras una serie de problemas fue Antonio Saya quien terminó las obras en 1942. Es totalmente simétrica, con una disposición en forma de «E». Sus laterales funcionan como aulas, una para niños y otra para niñas, cada una con su propio patio y entrada. Ambos patios están separados por un elemento central que se asoma sobre la fachada principal. Este sirve como impresionante vestíbulo de doble altura, revestido con mármol y granito, y conduce a las oficinas administrativas y al salón de actos. Es uno de los mejores ejemplos de *art déco* en Monterrey. Su fachada está llena de detalles: contornos angulares, escalonamientos, decoraciones geométricas y una composición horizontal con un efecto aerodinámico. Dos imponentes esculturas de Manuel Centurión representan un obrero y un agricultor, y con ellos los valores socialistas de la época.

> *Escuela Presidente Calles* **This primary school, which is part of an educational complex, was the only school built in the grounds of what used to be the citadel. It is considered a monumental school, built as part of the government's efforts to provide education after the revolution. The school was designed by FYUSA but, due to a series of problems, was completed by Saya in 1942. The school is completely symmetrical and has an E-shaped layout. Its lateral sides house classrooms – one for boys and the other one for girls – each one with its own patio and entrance. These two patios are divided by a central building section that adds a distinctive character to the façade. The central building section also serves as an impressive double-height vestibule with marble and granite finishes and leads to the administration offices and assembly hall. The school is one of the best examples of Art Deco in Monterrey. Its façade is full of details such as angular outlines, stepped piers, geometric decorations, and horizontal bands and windows with a streamlined appearance. The composition is rounded off with two striking sculptures of a factory and an agricultural worker, by Manuel Centurion, that represent the socialist values of the era.**

Iglesia Cristo Rey
José Trinidad Villagómez 1050,
Colonia Centro
Eduardo Belden, Juan Doria
1946–1948

 037 A

Es una grata sorpresa encontrar esta iglesia cerca de la calzada Madero, en una zona deprimida llena de bares y ferreterías.

El proyecto fue encargado por Ignacio, Manuel y Alberto Santos —conocidos empresarios locales— a Eduardo Belden, quien había estudiado en el MIT y ya había construido para ellos los silos de su fábrica de galletas. El ingeniero a cargo fue Juan Doria, quien perdió la vida trágicamente junto a 17 trabajadores al derrumbarse la bóveda principal de la iglesia. De tamaño monumental, muestra un uso sobrio de materiales, con elementos estructurales de hormigón a la vista, ladrillo rojo y celosías geométricas de hormigón. Tiene un parecido notable con Notre-Dame de Raincy, obra de August Perret en París, especialmente en el carácter industrial y en la torre situada en el centro de la fachada principal. A diferencia de la anterior no es una iglesia de salón, pues tiene una planta basilical con naves laterales de menor altura y un ábside detrás del altar. La entrada también tiene menos grandeza, con un pórtico de seis columnas. En el interior, la iglesia tiene interesantes murales, vitrales y 14 mosaicos representando el Vía Crucis, elaborado por el artista local, Fidias Elizondo.

> *Iglesia Cristo Rey It is a pleasant surprise to find this church, located near the Calzada Madero, in this rundown area full of bars and hardware stores. It was commissioned by Ignacio, Manuel, and Alberto Santos, well-known local entrepreneurs, to Belden who had studied at MIT and had also built for them the silos of their biscuit factory. The engineer in charge was Juan Doria, who tragically lost his life along with 17 of his workers when the main vault of this church collapsed. Monumental in its size, it displays a sober use of ordinary materials such as raw structural concrete elements, exposed red brick, and geometrical concrete latticework. The church has a remarkable resemblance to August Perret's Notre-Dame de Raincy in Paris, particularly in its tower located in the centre of the main façade and its industrial character. But unlike its predecessor, it is not a hall church but rather has a basilica layout with lateral lower naves and an apse behind the altar. The entrance also has less grandeur with a six-column portico. Inside, the church displays interesting murals, stained-glass windows, and 14 mosaics by a local artist, Fidias Elizondo, depicting the Via Crucis.*

Arco de la Independencia
Pino Suárez 935, Colonia Centro
Alfred Giles, Pedro Cabral
1910

Este arco fue construido en 1910 para conmemorar los cien años de la independencia de México. Fue uno de los muchos monumentos construidos por Porfirio Díaz para la ocasión, como el Ángel de la Independencia en la Ciudad de México. Situado en el prominente barrio de La Nacional, en lo que fuera el gran bulevar de la calzada de la Unión —actualmente calzada Madero—, este arco de 25 m de altura y construido en cantera rosa se abre de norte a sur como una entrada. Sus dos soportes tienen pilastras corintias y dos águilas de bronce sacadas del escudo de México a cada lado. En la parte superior está la figura femenina de la libertad, similar a la pintura de Eugène Delacroix. Esta escultura, de tres toneladas de peso, tiene una estructura de acero con acabado de cobre. Fue realizada por W.H. Mullins Company en 1909 y mide 4,80 m de la cabeza a los pies. Con el brazo levantado sostiene un globo con la palabra «México», la otra mano sostiene la corona de España, de quien México se había liberado. Este proyecto fue asignado por el gobernador Bernardo Reyes a Alfred Giles.

> *Arco de la Independencia* This memorial arch was built in 1910 to commemorate 100 years of Mexican independence. It was one of the many monuments built by president Porfirio Díaz for this occasion, as was the Ángel de la Independencia in Mexico City. The arch was placed in La Nacional, a prominent neighbourhood, on what was considered the equivalent of a grand boulevard, the Calzada de la Union, now Calzada Madero. The arch, built using pink Cantera stone, is 25 metres tall and serves as an entrance that opens out to the north and south. Its two supports have Corinthian pilasters. Two bronze eagles, taken from Mexico's coat of arms, stand on each support. On top is the feminine figure of Liberty, which resembles the same figure in Eugène Delacroix's famous painting. This three-tonne sculpture has a steel structure and a copper finish. It was created by W.H. Mullins Co. in 1909 and measures 4.80 metres from head to toe, and is 6 metres tall including the raised hand. She holds in her left hand a globe with the word 'Mexico', while the other hand carries the Spanish crown from which Mexico was liberated. This project was assigned to Giles by governor Bernardo Reyes.

Casa de la Cultura
de Nuevo León (antigua
Estación del Golfo)
Cristóbal Colón 400,
Colonia Centro
*Isaac Taylor; Manuel Rodríguez
(restauración/renovation)*
1896, 1973

039 A

Este edificio era originalmente una estación de tren, ubicada en lo que entonces fuera el extremo norte de la ciudad. Fue construida como parte de un proyecto para comunicar Monterrey con Tampico, un importante puerto en el Golfo de México. Funcionó como estación hasta 1930, año en que fue cerrada y abandonada. El edificio original fue diseñado por Isaac S. Taylor y construido por los hermanos Price de St. Louis, Missouri, y es por ello que no se asemeja al resto de edificios locales. Es una estructura simétrica, con un elemento de cinco plantas en el centro y un ala de dos pisos a cada lado. Presenta un porche, que rodea todo el edificio y cuyo techo está apoyado en una serie de ménsulas que marcan un ritmo. El edificio fue diseñado con una influencia neorrománica, con techos altos e inclinados, buhardillas, acabados de ladrillo, suelos de madera y torreones de piedra rústica. En 1973, Manuel Rodríguez tomó la iniciativa de restaurarla y convertirla en uno de los centros culturales del Estado.

> *Casa de la Cultura de Nuevo León This building was originally a train depot located on what was at the time the northern edge of the city. It was built as part of a project to make the country more commercially competitive by connecting Monterrey with Tampico, an important port in the Gulf of Mexico. The building operated as a train station until 1930, when it was closed and abandoned. It was designed by Isaac S. Taylor and built by the Price brothers from St. Louis, Missouri. This explains why it is so different from the rest of the local buildings. It has a symmetrical structure with a central five-storey section with a two-storey wing on each side. A wide porch, characterised by a series of corbels supporting the inclined roof, surrounds the entire building. The building was built with the influence of Romanesque Revival, with high hip roofs, dormers, a brick finish, wooden floors, and rusticated stone towers. In 1973, Manuel Rodríguez took the initiative to restore and rehabilitate it, turning it into one of the state's cultural centres.*

Museo del Vidrio (antigua Vidriera Monterrey)

Magallanes 517, Colonia Centro
desconocido / unknown;
Óscar Martínez, INAH
(restauración / renovation)
1909, 1989–1992

040 A

Este fue el primer edificio diseñado para Vitro, una importante fábrica de vidrio de Monterrey. Fue construido utilizando parte de la infraestructura de un antiguo taller de vidrio. El propósito original de esta fábrica era suministrar botellas de cerveza a la Cervecería Cuauhtémoc. Se encuentra en la periferia de la ciudad, cerca de las vías del ferrocarril, para facilitar la llegada de materias primas. Es muy probable que una empresa estadounidense vendiera tanto el diseño del edificio como la tecnología de producción de cristal, lo que era costumbre en la época. Este edificio corresponde a un estilo de arquitectura anglosajona, con una fachada de ladrillo rojo, estrechas ventanas alargadas y techos inclinados. El edificio es un prisma rectangular de dos plantas, con estructura de ladrillo, un ático y techo a cuatro aguas con gabletes. Tiene interesantes detalles de ladrillo en las esquinas, sobre las ventanas y en cada gablete, lo que denota una intención estética. El interior tiene detalles de madera, suelos y ventanas originales. Fue restaurada y transformada en museo en 1992, con el propósito de rescatar, preservar y difundir la historia del vidrio como producción artística en México.

> *Museo del Vidrio* This was the first building erected for use by Vitro, an important glass factory in Monterrey. The building, which now serves as a museum, was constructed by incorporating part of the existing infrastructure of an old glass workshop. The original purpose of this glass factory was to provide the Cuauhtémoc Brewery with beer bottles. The factory was located on the fringe of the city close to the railroad tracks so that it could more easily receive the raw materials required. The design of this building very likely came with the glass-production technology that was sold by an American company. It was customary at the time for technology and floor plans for a factory building to be sold together. This is perhaps why the building's style displays Anglo-Saxon features, with a red brick structure, narrow long windows, and sloping roofs. It consists of a rectangular two-storey brick structure with an attic and hip roof with gables. It has interesting brick details on the corners, over the windows, and on each gable. Inside, it has wooden details, original floors, and windows. It was restored in 1992 and became a museum with the purpose of retrieving, preserving, and disseminating the history of glass as an artistic product in Mexico.

El este y la expansión al sudeste:
un lugar de esparcimiento

East Side and Southeast Expansion:
a Place of Leisure

B

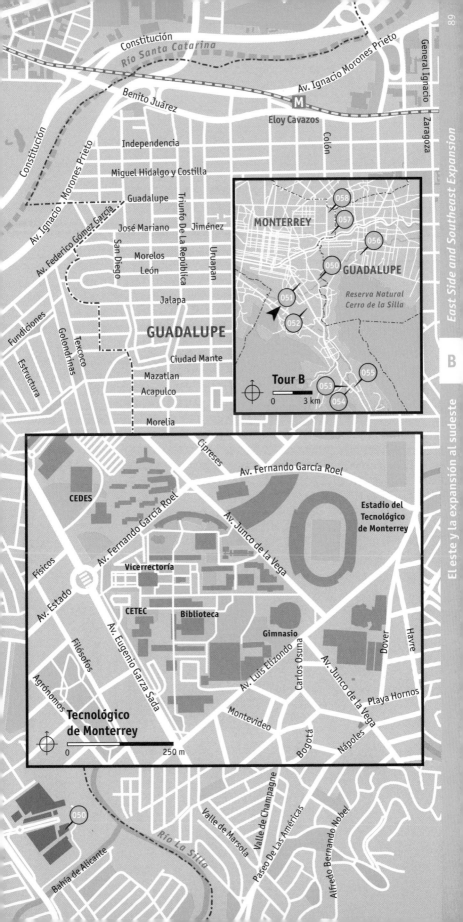

Constitución
Río Santa Catarina
Benito Juárez
Av. Ignacio Morones Prieto
General Ignacio
Zaragoza
Eloy Cavazos
Colón

Constitución
Av. Ignacio Morones Prieto
Av. Federico Gómez García
Independencia
Miguel Hidalgo y Costilla
Guadalupe
José Mariano
Morelos
León
Jalapa
San Diego
Triunfo De la República
Jiménez
Uruapan

GUADALUPE

Fundiciones
Estructura
Golondrinas
Texcoco
Ciudad Mante
Mazatlan
Acapulco
Morelia

MONTERREY
058
057
056
050
GUADALUPE
051
052
Reserva Natural
Cerro de la Silla

Tour B
0   3 km
055
053
054

CEDES
Cipreses
Av. Fernando García Roel
Av. Junco de la Vega
Estadio del Tecnológico de Monterrey
Av. Fernando García Roel
Físicos
Av. Estado
Vicerrectoría
CETEC   **Biblioteca**
Av. Eugenio Garza Sada
Filósofos
Agrónomos
Gimnasio
Av. Luis Elizondo
Carlos Osuna
Av. Junco de la Vega
Dover
Havre
Playa Hornos
Montevideo
Bogotá
Nápoles

Tecnológico de Monterrey
0   250 m

050
Río La Silla
Bahía de Alicante
Valle de Marsola
Valle de Champagne
Paseo De Las Américas
Alfredo Bernando Nobel

El este y la expansión al sudeste: un lugar de esparcimiento

La creación de la Fundidora de Monterrey en la zona este propició a principios de 1900 el crecimiento de la ciudad en esa dirección. Algo similar pasó en el sudeste, cuando un campus del Tecnológico de Monterrey se asentó en la década de los cuarenta cerca del famoso cerro de la Silla, el emblema natural más importante de la ciudad, creando nuevos barrios suburbanos a su alrededor. Esta expansión continuó siguiendo la carretera Nacional, que conecta la ciudad con el cañón del Huajuco, un atractivo centro de excursiones y actividades al aire libre, donde se encuentran entre otros la presa La Boca,

la cascada de la Cola de Caballo y pintorescos pueblos como Villa de Santiago. Esta zona es el área recreativa más importante de la ciudad. Aquí se puede encontrar el paseo Santa Lucía —un canal artificial que sigue el trazo original de los ojos de agua de Santa Lucía—, el parque Fundidora —en el sitio que alguna vez fue la famosa industria de fundición— y el estadio de fútbol BBVA Bancomer. A lo largo del cañón del Huajuco surgieron nuevos centros comerciales y desarrollos de esparcimiento como Pueblo Serena y Esfera, perfectamente integrados con los atractivos naturales de la zona.

042 Torre Ciudadana

043 CINTERMEX

045 Parque Fundidora

044 Paseo Santa Lucía

East Side and Southeast Expansion: a Place of Leisure

The city began to develop towards the east in the early 1900s, following the establishment of Fundidora de Monterrey, an important foundry. New neighbourhoods emerged as a result. The city also started to grow towards the southeast when Tecnológico de Monterrey, a university, was founded in the 1940s. This led to the formation of new suburban neighbourhoods near the Cerro de la Silla, the most emblematic natural feature of the city. This expansion also continued along the Carretera Nacional ('national motorway') that connects the city with the Huajuco Canyon, a popular destination for weekend trips and outdoor activities, where the Boca Dam, the Cola de Caballo waterfall, and picturesque towns such as Villa de Santiago are located. This is thus the most important recreational area of the city. Here you can find the Paseo Santa Lucía, an artificial canal that follows the original Santa Lucía springs; Fundidora Park where the famous foundry was once located; the football stadium BBVA Bancomer; and along the Huajuco Canyon, new commercial and recreational developments such as Pueblo Serena and Esfera, all of which blend in well with the natural attractions of the zone.

Vista panorámica del Parque Fundidora/*Panoramic view of Fundidora Park*

049 Cineteca - Fototeca

048 Nave Lewis

046 Museo del Acero

Preparatoria 3 UANL
(antigua Escuela Industrial
Álvaro Obregón)

041 B

Francisco I. Madero /
Félix U. Gómez, Colonia Modelo
Manuel Muriel, FYUSA;
INAH (restauración / renovation);
Casa Montaña
(vitrales / stain glass windows)
1928–1930, 1990, 2009

Esta fue una de las primeras escuelas de la ciudad en ofrecer educación superior en estudios técnicos, en consonancia con la vocación industrial de Monterrey. Su construcción terminó en 1930, y la gran inauguración contó con la presencia del presidente de México. Es una enorme edificación de dos pisos que cubre casi toda la manzana con sus 6.000 m². El volumen, en forma de «L», se cierra a las calles principales, dejando un patio interior en el centro con dos estructuras más pequeñas que sirven de talleres en la parte posterior. Los muros de mampostería apoyan la impresionante estructura de acero de la cubierta. Las fachadas, que simulan piedra de cantera, tienen una expresión ecléctica, con elementos predominantemente góticos con detalles *art déco*. La entrada principal está ubicada en la esquina, y conduce a un monumental atrio de doble altura con acabados de mármol y granito, donde destaca una escalera en forma de «T» y unos vitrales y tragaluces diseñados por Roberto Montenegro.

> *Preparatoria 3 UANL This was one of the first schools in Monterrey that offered higher education in technical subjects in order to meet the city's high demand for skilled workers. Completed in 1930, its grand inauguration was overseen by the president of Mexico. It is an enormous two-storey building that, with an area of 6,000 square metres, almost covers the entire block in which it is located. The L-shaped volume borders the main streets and forms a central quad with the two small warehouse structures that serve as workshops in the back. The masonry walls support the roof's impressive steel structure. The façades, which simulate the appearance of stone, display an eclectic range of stylistic features, predominantly drawn from the gothic style with touches of Art Deco. The main entrance, located on the corner of Madero and Felix U. Gómez, leads to a monumental double-height atrium with marble and granite finishes. The atrium features a T-shaped staircase and stained-glass windows as well as skylights designed by Roberto Montenegro.*

Torre Ciudadana

Washington 2000, Colonia Obrera
Benjamín Chapman
2007–2010

Esta torre, situada cerca del paseo Santa Lucía y el parque Fundidora, fue construida para concentrar en un solo edificio la mayor parte de las oficinas gubernamentales, que estaban dispersas por toda la ciudad. Estas oficinas pagaban anualmente la impresionante cantidad de 70 millones de pesos de renta. El objetivo de este proyecto era reducir este costo mediante la creación de espacios para más de 22 departamentos administrativos. El proyecto consta de dos volúmenes separados en una manzana abierta: una torre de 36 pisos con espacios de oficinas, y un edificio curvo de tres pisos ubicado detrás de la torre, donde se realizan diversos trámites burocráticos. Tiene un aspecto moderno gracias a los paneles prefabricados de hormigón que cubren la estructura de hormigón y acero. El volumen más bajo tiene una serie de ventanas cuadradas, mientras que la torre —de 180 m, con lados ligeramente curvados— tiene ventanas corridas. Su característica más distintiva es la enorme abertura en la parte superior, inspirada en el Centro Financiero Mundial de Shanghái.

> *Torre Ciudadana* This tower, located near the Santa Lucía riverwalk and Fundidora Park, was built so that most of the governmental offices, previously spread across the city, could be brought together in a single building. These offices were costing a staggering 70 million Mexican pesos in rent each year. Therefore, the objective was to reduce this cost by creating space for over 22 administrative state departments. The building consists of two separate volumes on an open block: a tall 36-storey tower with administrative office spaces and a three-storey curved building that stands behind the tower, designed for various bureaucratic procedures. The building has a modern appearance due to its prefabricated concrete panels over a steel and concrete structure. The lower volume is enhanced with a series of square windows, while the 180-metre-tall tower, with its slightly curved sides, displays ribbon windows. The building's most distinctive feature is its enormous aperture on the top, inspired by the Shanghai World Financial Center.

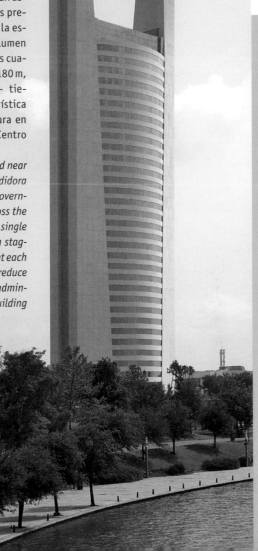

CINTERMEX
Fundidora 501, Colonia Obrera
Eduardo Terrazas
1987–1991

043 B

El cierre de la Fundidora de Fierro y Acero de Monterrey en el año 1986 desocupó un espacio de 114 hectáreas en el centro de la ciudad. Este se convirtió años más tarde en el parque Fundidora. Una parte de este predio se utilizó para construir un centro de convenciones y exposiciones, con la intención de activar el comercio internacional y la economía del Estado. El diseño se atribuye a Eduardo Terrazas y la construcción a Antonio Elosúa. El edificio tiene una superficie de de 37.000 m², con un centro de negocios internacionales, un área de exposición y salas de conferencias para 2.500 personas. Fue construido utilizando una estructura de acero tetraédrica, que permite grandes luces con tan solo seis columnas para soportar el área de exhibición. Tiene un espacio central que funciona como vestíbulo principal, definido por una bóveda de cañón con estructura de acero. En el acceso lateral hay un enorme arco, hecho con una estructura tetraédrica de acero pintada en rojo, que enmarca la entrada. CINTERMEX se ha convertido en un centro de negocios importante, con más de 600 eventos al año a los que acuden más de 630.000 visitantes.

> *CINTERMEX The foundry Fundidora de Fierro y Acero de Monterrey was closed in 1986. This made an open space measuring 114 hectares in the middle of the city available for development. This space became Fundidora Park. A part of this site was used to create a convention and exhibition centre with the aim of promoting international trade and bolstering the state's economy. The design is attributed to Eduardo Terrazas and the construction to Antonio Elosúa. The building has a floor area of 37,000 square metres and includes an international business centre, an exhibition area, and conference rooms for 2,500 people. The building was erected using a tetrahedral steel structure that enables enormous spans. This meant that only six supporting columns were required to construct the exhibition area. The building has a central space with a striking steel barrel vault as its main lobby. At the side entrance, there is a huge arch made of a tetrahedral steel structure painted red, framing the row of doors. CINTERMEX has become an important business hub that attracts over 600 events each year, attended by well over 630,000 visitors.*

Paseo Santa Lucía

044 B

Santa Lucía, Colonia Centro
Enrique Abaroa, Eduardo Flores,
RTKL Architects
2005–2007

Situado al este de la Macroplaza, este canal artificial fue concebido como un homenaje a los Ojos de Agua de Santa Lucía, los manantiales naturales donde tuvo lugar la fundación de la ciudad en 1596. El proyecto data de los años ochenta, pero las obras no comenzaron hasta 1996, y fueron abandonadas durante varios años hasta su inauguración para el Fórum Universal de las Culturas en el año 2007.

Inspirado en el paseo Riverwalk de San Antonio, sigue parcialmente la ruta original de los manantiales, llegando a unir la Macroplaza con el parque Fundidora. Tiene una extensión de 2,5 km con áreas verdes, fuentes, parques, esculturas, murales y lugares comerciales en las orillas. Una impresionante fuente circular permite el descenso al canal y el acceso a los botes que lo cruzan, gracias al ancho de 3,12 m. El paseo comienza en la explanada Santa Lucía —entre el Museo de Historia Mexicana y el MUNE— con un puente de arcos de ladrillo, y termina en el parque Fundidora con una fuente que es un antiguo crisol de fundición.

El paseo Santa Lucía es uno de los espacios urbanos preferidos por los locales, y una actividad obligatoria para turistas.

> **Paseo Santa Lucía** This artificial canal, located on the east side of the Macroplaza, was conceived as a homage to the Ojos de Agua de Santa Lucia, the natural springs where the city was founded in 1596. The plan for the canal dates back to the 1980s but construction didn't begin until 1996, after which it was abandoned for over nine years before finally being completed as part of the Fórum Universal de las Culturas 2007. The canal, inspired by the San Antonio River Walk in the US, partly follows the original stream formed by the natural springs.

Indeed, the canal was built with the purpose of joining the Macroplaza with Fundidora Park. The canal also has a 2.5-kilometre extension, with green areas, fountains, parks, sculptures, murals, and commercial venues on its margins. An impressive circular fountain lowers you to the canal. The canal has a width of 3.12 metres – big enough for small boats to navigate – which means you can take a boat ride to the other side. The walk begins with an arched bridge on the Santa Lucía Esplanade between the Mexican History Museum and MUNE, and ends in Fundidora Park with a fountain. This canal is one of the city's most popular urban spaces for locals and foreign visitors.

Parque Fundidora

045 B

Fundidora / Adolfo Prieto,
Colonia Obrera
Eduardo Terrazas, Enrique Abaroa
(plan maestro / masterplan)
2000

Este parque fue construido en el antiguo predio de la Fundidora de Fierro y Acero de Monterrey, la más importante de América Latina. Esta fue fundada el 5 de mayo de 1900 y estuvo en servicio durante sesenta años, siendo una de las principales fuentes del desarrollo industrial del país. Alcanzó su máximo nivel de desempeño durante la década de los sesenta, al renovar la tecnología de su producción de acero. Pero una década más tarde comenzó a decaer gradualmente hasta su bancarrota en 1986, año en que fue cerrada y abandonada. En el año 2001, sus 142 hectáreas se convirtieron en un parque urbano lleno de áreas verdes, y muchos de sus artefactos industriales —como chimeneas, estufas, hornos y molinos— fueron restaurados. También se proyectaron nuevos edificios, entre ellos el CINTERMEX, la Arena Monterrey, el parque Plaza Sésamo, el Auditorio Fundidora y el Centro de las Artes, con la Cineteca y otras áreas de exposición. El Museo del Acero horno[3], la Nave Generadores y la Nave Lewis fueron agregados en 2007, y recientemente el innovador museo Papalote Verde Monterrey. Declarado sitio de arqueología industrial, es un lugar que fortalece la identidad de la ciudad, y lugar de festivales y grandes eventos.

Vista del Parque Fundidora, con el Museo del Acero horno[3] en primer plano
Fundidora Park, view of horno[3]

Vista panorámica del Parque Fundidora/*Panoramic view of Fundidora Park*

> **Fundidora Park** *This beautiful park was created on the premises of Fundidora de Fierro y Acero de Monterrey, once the most important foundry in Latin America. The company, founded on 5 May 1900, served as a steel factory for 60 years as one of the main sources of the country's industrial development. The foundry reached the peak of its performance in the 1960s after its steel production technology was retrofitted. But it began to gradually decline in the late 1970s and was closed and abandoned after bankruptcy in 1986. In 2001, its 142 hectares were transformed into an urban park filled with open, green spaces. The foundry's* industrial artefacts – its blast furnaces, chimneys, stoves, and mills – were restored and repurposed. Other important new buildings were also introduced: the CINTERMEX, the Arena Monterrey, the Sesame Street Theme Park, the Auditorio Fundidora, and the Centro de las Artes with the Cineteca and other exhibition areas. The horno[3] museum, Nave Generadores, and Nave Lewis were also added in 2007, as was the innovative Papalote Verde Monterrey most recently. Today the park, declared an industrial archaeological museum site, strengthens the city's identity and serves as a place for festivals and major events.*

Museo del Acero, horno³
Fundidora / Adolfo Prieto,
Colonia Obrera
Grimshaw, ODA
(Oficina de Arquitectura),
Aldrich Pears Associates,
Harari Landscape Architecture;
INAH (restauración / renovation)
1968, 2005–2007

046 B

Este museo interactivo fue el resultado de la restauración de uno de los más importantes altos hornos de México y uno de los símbolos principales del parque Fundidora. Fue diseñado por Arthur G. McKee & Co. de Ohio en 1965, y estuvo en uso hasta 1986. Permaneció cerrado y en mal estado hasta su restauración en 2005. Su estructura, de 70 m de altura, incluye un horno, tres estufas, una chimenea, puentes, plataformas, salas de control y un ascensor inclinado. Estos elementos fueron incorporados en el actual museo, que tiene una superficie de 9.000 m². Una llamativa escalera helicoidal de acero lleva a la exposición principal en el alto horno, que simula estar en funcionamiento gracias a un despliegue pirotécnico. La exposición interactiva —situada en un edificio nuevo— tiene una cubierta de acero con pliegues similares a una figura de origami, y está recubierta por uno de los mayores techos verdes de México. El ascensor inclinado se transformó en un funicular que lleva a los visitantes sobre las estufas y el horno y ofrece vistas impresionantes de la ciudad. El Museo incluye una exposición, un restaurante panorámico y una tienda. Recibió el reconocimiento de monumento nacional por el Instituto Nacional de Bellas Artes en 2009.

> *Museo del Acero, horno³* This interactive museum was the result of the restoration and repurposing of horno³, one the most important blast furnaces in Mexico and a key feature of Fundidora Park. The furnace was designed by Arthur G. McKee & Co. from Ohio in 1965 and was in use until 1986. It remained closed and in disrepair until 2005, when its restoration began. The 70-metre-tall structure consists of a furnace, three stoves, a high stack, bridges, platforms, control rooms, and an incline elevator. These elements were incorporated into the museum's 9,000-square-metre exhibition area. A striking helical steel staircase leads to the key exhibition in the blast furnace that simulates a working furnace with a pyrotechnic display. The interactive exhibition is housed under an elaborate origami-like steel structure covered by one of Mexico's largest green roofs. The incline elevator was transformed into a funicular that takes visitors up, over the furnace and stoves, and offers impressive views of the park and city. The museum also includes a historical exhibition, a panoramic restaurant, and a shop. In 2009, the Instituto Nacional de Bellas Artes (National Institute of Fine Arts) recognised the museum as a national monument.

**Centro de las Artes,
Nave Generadores**
Fundidora / Adolfo Prieto,
Colonia Obrera
*desconocido / unknown;
Héctor Domínguez, INAH
(restauración / renovation)*
1900–1903, 2000–2003

047 B

Este pabellón fue el edificio original de los sopladores de fundición para el Alto Horno n.º 1, el primero de Monterrey. Sus chimeneas son las que aparecen en el escudo del Estado, y están ubicadas al oeste de la nave. A pesar de su sencillez, es una estructura histórica y uno de los primeros

edificios del parque Fundidora. Tiene una planta abierta rectangular de 40 m de largo, 16 m de ancho y más de 30 m de altura. Su carácter industrial se ve claramente reflejado en el uso de ladrillo rojo y el techo inclinado, y la restauración contribuyó a reforzar esta imagen al dejar a la vista en el exterior vestigios de sus ductos, puertas y ventanas. El interior todavía conserva la maquinaria de hierro fundido, una pieza única de arqueología industrial. Debido a su carácter histórico, este edificio constituye hoy en día un espacio distintivo para celebrar eventos sociales de todo tipo.

> *Centro de las Artes, Nave Generadores*
This pavilion was the original building for the foundry blowers of Monterrey's first blast furnace. The five chimneys still stand to the west of the pavilion. Despite its simplicity, this building is a historical structure and was one of the first in Fundidora Park to be restored. It has a open, rectangular floor plan, 40 metres in length, 16 metres in width, and over 30 metres in height. Its red bricks and pitched roof give it an industrial character. The restoration and repurposing of the building reinforced this industrial character by leaving remnants of its original ducting, doors, and windows on the exterior. The interior still retains its cast iron machinery, a unique piece of industrial archaeology. Today, this building serves as a distinctive space in which to conduct social events such as weddings, graduation ceremonies, fashion shows, and dinners.

**Centro de Exposiciones
Fundidora, Nave Lewis
(antigua nave del molino
de combinación Lewis)**
Fundidora / Adolfo Prieto,
Colonia Obrera
*Robert Wible; Óscar Martínez
(restauración / renovation)*
1956, 2007

048 B

Esta fábrica producía originalmente productos laminados como alambres, perfiles de acero y varillas corrugadas. Robert R. Wible fue responsable de su diseño en 1956. Fue cerrada treinta años más tarde, y transformada en museo para el Fórum Universal de las Culturas celebrado en 2007 en Monterrey. Este proyecto de renovación y reutilización conserva los materiales y forma originales para preservar su esencia industrial, incorporando algunos elementos contemporáneos en el diseño. Se instalaron un nuevo techo y muros de vidrio, para dar respuesta a su nuevo uso. La forma distintiva de su tejado a dos aguas y la presencia de tragaluces permitieron introducir luz en las áreas de exhibición, y se mantuvieron como recordatorio del edificio original. Este centro de exposiciones consta de un vestíbulo de doble altura, recepción, tienda y cafetería, con dos salas de exposiciones en cada extremo. El antiguo cuarto de máquinas sirve como oficinas, área de seguridad

y talleres. Los espacios al aire libre tienen explanadas, fuentes y estanques, así como un auditorio con un domo geodésico para 220 espectadores con proyecciones en IMAX. Una escultura y numerosas áreas verdes marcan la entrada al museo.

> Nave Lewis This museum was originally a steel rolling mill by Robert R. Wible (1956) that produced laminated steel products such as corrugated rods, wire rods, and angles. It was closed in 1986 and was converted into a museum in 2007 for use as one of the many venues of the Fórum Universal de las Culturas Monterrey. The renovation project preserved the materials and the shape of the original structure as traces of the building's history while incorporating contemporary design elements. A new ceiling and glass walls were installed, in line with the building's new purpose. The distinctive gable roof and the skylights illuminate the exhibition areas and serve as a reminder of the building's past. This exhibition centre consists of a two-level lobby, reception area, souvenir shop, and café, with two single-storey exhibition halls at each end. The old power room houses office spaces, security areas, and workshops. The outdoor spaces have esplanades, fountains, and ponds as well as a geodesic dome auditorium for 220 spectators that provides IMAX film projections. A sculpture of the world with flags from various countries and green areas complements its entrance.

Centro de las Artes,
Cineteca–Fototeca
049 B

Fundidora / Adolfo Prieto,
Colonia Obrera
desconocido / unknown;
Héctor Domínguez, INAH
(restauración / renovation)
1904, 1998

La Cineteca-Fototeca forma parte de los edificios y espacios públicos al aire libre que constituyen el parque Fundidora. Pertenece al complejo del Centro de las Artes, y es el resultado de la transformación de una de las naves industriales de la fundición. Los arquitectos que la restauraron reconstruyeron respetuosa y diligentemente la estructura de acero, techos laminados y paredes de ladrillo, restituyendo su carácter industrial. También

transformaron los 3.500 m² de superficie en áreas de exhibición, una librería, dos salas de cine en el nivel superior y una fototeca que conserva y protege la memoria fotográfica del nordeste de México.

> Centro de las Artes, Cineteca-Fototeca **This building is part of a series of buildings and open spaces that make up Fundidora Park. The Cineteca-Fototeca, which is part of the Centro de las Artes complex, is the result of the transformation of one of the industrial warehouses of the foundry. The planners respectfully and diligently reconstructed the steel structure, laminated roofs, and brick walls, restoring its character. They also converted its 3,500 square metres of space into exhibition areas, a bookshop, an upper level with two movie theatres, and a photo library that protects and preserves the photographic memory of northeastern Mexico.**

Complejo Nuevo Sur
Revolución 2703,
Colonia Ladrillera
JSᵃ, TEN Arquitectos, LEGORRETA,
Serrano Monjaraz Arquitectos,
Vidal Arquitectos, Grupo LBC,
The Jerde Partnership
2014–2016

050 B

Nuevo Sur es un complejo de uso mixto al aire libre que crea una comunidad con tiendas, oficinas y edificios de viviendas. Está ubicado en el predio que antes fue la Ladrillera Monterrey, una fábrica de ladrillos muy importante fundada en 1851. Este proyecto abarca 35.000 m² con 85 tiendas, un hotel de negocios —el City Express—, 370 viviendas para alquiler y 230 para venta. El diseño consiste en un eje principal de circulación con un arco de entrada que lleva al corazón del complejo y termina en un gran espacio abierto. Las oficinas están cerca de la avenida, mientras que las tiendas se concentran en el eje principal, rodeadas por los edificios de viviendas. Este proyecto sigue un concepto de «crear lugar», fue desarrollado por las empresas MIRA y diseñado con la colaboración de los prestigiosos arquitectos mexicanos Javier Sánchez, Víctor Legorreta, Enrique Norten, Juan Pablo

Serrano, Alberto Vidal, Alfonso López Baz y Rafael Calleja. El plan maestro es obra de The Jerde Partnership, una empresa de arquitectura y planificación urbana de Los Ángeles.

> *Nuevo Sur This is an open-air mixed-use complex that features shops, office spaces, and apartments to form a community. It is located on the site of what was once Ladrillera Monterrey, a very important brick factory founded in 1851. This complex covers an area of 35,000 square metres and includes 85 shops, 370 apartments for rent, 230 apartments for sale, and City Express, a business hotel. The layout consists of a main circulation axis with an arched entry that leads into the heart of the complex and culminates in a grand open space. Office spaces were placed near the main avenue, while the shops are concentrated on the main axis surrounded by the apartment buildings. This 'place-making' project developed by MIRA Companies was designed in collaboration with prestigious Mexican architects such as Javier Sánchez, Enrique Norten, Juan Pablo Serrano, Alberto Vidal, Víctor Legorreta, Alfonso López Baz, and Rafael Calleja. They followed the masterplan of The Jerde Partnership, a Los Angeles based architecture and urban planning company.*

Tecnológico de Monterrey, Campus Monterrey
051 B

Eugenio Garza Sada 2501,
Colonia Tecnológico
Enrique de la Mora,
Armando Ravizé, Ricardo Guajardo;
Jorge González (mural)
1946–1965

Un grupo de empresarios, encabezado por Eugenio Garza Sada, crearon esta universidad en 1943 emulando al MIT, su *alma mater*. Enrique de la Mora proyectó un plan maestro que sería implementado en un período de diez a veinte años. Comenzó con Aulas I en 1946, seguido por La Carreta —la primera cafetería— y Centrales —un edificio mixto de oficinas, dormitorios y cafetería. En 1949 fueron completados Aulas II y la piscina; en 1950 el estadio; seguidos por la rectoría en 1953; Aulas III en 1956 y el gimnasio nueve años más tarde. Este campus fue concebido como una ciudad académica basada en un diseño urbano moderno de *supermanzana* con grandes edificios. Estos están alineados, con orientación norte-sur, tienen cuatro pisos de altura y pasillos, escaleras y terrazas abiertas. Tienen un lenguaje funcional —derivado de su estructura de hormigón— con pasamanos tubulares y ventanas alargadas. Los edificios más destacados son la rectoría, de Armando Ravizé, con el emblemático mural de Jorge González y el gimnasio de Ricardo Guajardo, un cascarón de hormigón con una luz de 65 m. Todos ellos constituyen un importante ejemplo de arquitectura moderna en Monterrey. El campus ha tenido muchos cambios, el más reciente de ellos el Distrito Tec.

> Tecnológico de Monterrey A group of entrepreneurs, headed by Eugenio Garza Sada, founded this university in 1943, modelled after MIT, Gaza's alma mater. Enrique de la Mora created the masterplan, to be implemented over a period of 10 to 20 years. Aulas I, a classroom building, was built in 1946, followed by La Carreta, the first cafeteria, and Centrales, a building comprising a cafeteria, an office building, and dormitories. In 1949, Aulas II and the swimming pool were completed, followed by the stadium in 1950. In 1953, the vice chancellor's building, originally a library, was finished. In 1956, Aulas III was completed, followed by the gym in 1965. This campus was conceived

Vista de la rectoría y su emblemático mural, obra de Jorge González
The distinctive mural on the vice chancellor's office building

as an academic village with a modern urban layout. Its buildings are aligned with a north-south orientation and only have four floors with exposed corridors, staircases, and open terraces. These respond to a functional vocabulary derived from the buildings' concrete structure with tubular handrails and elongated windows. The most outstanding buildings include the vice chancellor's building by Ravizé, with its iconic mural by Gonzalez Camarena, and Guajardo's gym, a concrete shell that spans across a distance of 65 metres. These buildings are major examples of modernist architecture in Monterrey. The campus has had many changes, the latest of which was the addition of Distrito Tec.

B

Vista panorámica del Tec de Monterrey, Campus Monterrey
Panoramic view of Tec de Monterrey, Campus Monterrey

WING STOP
LA CATARINA
Banamex
sushiitto
MICROPOLIS
BODY SHOP

Complejo Micropolis
Eugenio Garza Sada 3820,
Colonia Contry
JS[a]
2011–2013

Micropolis, que significa pequeña ciudad, es un centro urbano en forma de complejo de uso mixto con viviendas, oficinas, tiendas y restaurantes, en una superficie de 80.000 m². Se encuentra en una de las avenidas más importantes que conectan Monterrey con la carretera nacional. Tiene una ubicación ideal, con una universidad, un centro comercial y un supermercado en sus inmediaciones. Es un conjunto denso con un estacionamiento subterráneo y áreas comerciales de dos pisos que se conectan a una plaza abierta central. Sobre el área comercial hay siete niveles de oficinas en el lado norte y dos niveles de uso mixto en el lado sur, ambos conectados por un puente de doble altura. Detrás de los espacios comerciales y las oficinas está la torre de viviendas, de 31 pisos, que ofrece una amplia gama de tipologías residenciales como *lofts* de doble altura, pequeños estudios y áticos. Estos apartamentos cuentan con una serie de servicios comunes como piscina, áreas de descanso y gimnasio. La fachada acristalada tiene un lenguaje contemporáneo,

acentuado por la posición aleatoria de los balcones —que aporta un aspecto dinámico a la torre— y la variedad de volúmenes que corresponden a los diferentes usos.

> *Complejo Micropolis* Micropolis, which means 'small city', is an urban centre in the form of a mixed-use complex that consists of apartments, offices, shops, and restaurants in an area of 80,000 square metres. It is located on Avenida Garza Sada, one of the most important streets that connect Monterrey to the Carretera Nacional. The location is ideal, with a university, shopping centre, and huge supermarket in close proximity. It is a dense complex with underground parking and two-storey commercial areas that connect to an open central plaza. On top of the commercial area are seven levels. On the north, they house office spaces, and on the south, they are connected to two levels of mixed-use spaces by a double-height bridge. Behind the commercial and office spaces is a 31-storey apartment tower that offers a wide range of typologies from double-height lofts to single-room units and to penthouses. These apartments also have a series of amenities such as a swimming pool, lounge areas, and a gym. Its glass exterior has a contemporary appearance given by the dynamic interplay of the apartment balconies and the different volumes that correspond to the different uses.

Fachada principal de la Parroquia El Señor de la Misericordia
Main façade of Parroquia El Señor de la Misericordia

Parroquia El Señor de la Misericordia
Carretera Nacional 500, Colonia Valle Alto
Moneo Brock Studio
2016

Esta parroquia está situada en el corazón de Pueblo Serena, frente a la plaza central, y supone un elemento clave del lugar por sus actividades y simbolismo. Consta de una sola nave rectangular —de 15 m de ancho, 18 m de largo y 15 m de altura— orientada al norte y con capacidad para 350 feligreses. Tiene tres capillas laterales al este, oficinas administrativas al norte, un baptisterio al oeste y, sobre este, el coro. También cuenta con un sótano con osarios, una pequeña capilla, un espacio multifuncional y aulas. La simplicidad de su arreglo funcional contrasta con su innovación formal: la entrada está marcada por una marquesina que asemeja una figura de origami, tiene tres tragaluces en forma de torre con diferentes inclinaciones y un campanario de 43 m de altura, también ligeramente inclinado. Se observa además una influencia expresionista, presente en su forma inspirada en las montañas, en el uso de la luz del «rosetón», las torres de los tragaluces, las ventanas en forma de cruz sobre el altar y los pozos de luz que iluminan los patios

hundidos. Esta iglesia es un ejemplo de la subordinación del realismo al simbolismo como expresión arquitectónica.

> *Parroquia El Señor de la Misericordia* This church is situated in the heart of Pueblo Serena. It faces the central plaza, of which it is a key element due to the events it hosts and its symbolism. The church consists of a simple, single rectangular nave - 15 metres wide, 18 metres long, and 15 meters high - that faces north and can hold 350 parishioners. It contains three lateral chapels to the east, administrative offices to the north, a baptistery to the west, and over it, a choir. It has a basement with ossuaries, a small chapel, a multifunctional space, and classrooms. The simplicity of its functional arrangement is broken by its formal innovation. Its unusual massing is created by the origami-like canopy suspended over the entrance, the three skylights - each of which illuminates its respective chapel from a different angle - and the 43-metre-tall bell tower, which has a slight tilt. Expressionist influences are visible in the building's formal features that were inspired by the local mountains. They are also visible in the use of light in the 'rose window', skylight towers, cross-shaped windows over the altar, and wells of light of its sunken patios. This church is an example of the subordination of realism to symbolism as an architectural expression that creates an internal experience.

Complejo Pueblo Serena
Carretera Nacional 500,
Colonia Valle Alto
Carranza y Ruiz Arquitectos,
Moneo Brock Studio,
Harari Landscape Architecture
2016

054 B

Pueblo Serena es un complejo creado para apoyar las demandas de las colonias ubicadas en el cañón del Huajuco. Sus 27.000 m² de superficie dan soporte a oficinas y actividades de carácter comercial y religioso. Se parte de un concepto de «crear lugar», que pretende generar valores de comunidad a través de la creación de espacios públicos de calidad. Incluye un nuevo supermercado de Soriana, un Cinemex con varias salas de cine, 3.600 m² para oficinas y un centro comercial con numerosos restaurantes. El centro del complejo es la parroquia El Señor de la Misericordia, diseñada por Moneo

Brock Studio. Todos estos usos se distribuyen alrededor de una agradable plaza con espacios peatonales y rodeada de vegetación local. Los edificios de este complejo, proyectados por Carranza y Ruiz Arquitectos, tienen un diseño contemporáneo, con celosías y pantallas en las fachadas, y utilizan una paleta de materiales atractivos como piedra laja de color ocre, acero en tonos marrones y algunos acentos verdes, que imitan la naturaleza y dan respuesta al contexto rural en que se encuentran.

> *Pueblo Serena With an area of almost 27,000 square metres, Pueblo Serena is a complex that mixes religious, commercial, and office activities to support the demands of the neighbourhoods located in the Huajuco Canyon. It is based on a 'placemaking' concept centred on creating community assets through the creation of quality public spaces. It consists of a new Soriana supermarket, a Cinemex with various movie theatres, 3,600 square metres of offices spaces, and a commercial centre with numerous restaurants. The church Parroquia del Señor de la Misericordia, designed by Moneo Brock Studio, is in the centre of the complex. Everything is distributed around a delightful plaza with open pedestrian spaces that offers a series of public activities surrounded by local vegetation. The buildings, designed by Carranza and Ruiz, have a contemporary design that features screens and layers based on a palette of attractive materials such as ochre-colour flagstone, dark-brown steel elements, and green accents that mimic nature and respond to its countryside environment.*

Complejo Esfera City Center
La Rioja 245,
Residencial La Rioja
Zaha Hadid Architects,
Sordo Madaleno Arquitectos
2015 *(en proceso/in progress)*

055 B

Este complejo, situado en el cañón del Huajuco en el límite sudeste de Monterrey, fue concebido como un conjunto de uso mixto. En sus 19 hectáreas incluye un centro comercial —diseñado por Sordo Madaleno Arquitectos— y un complejo residencial con 900 viviendas, espacios de oficinas y un hotel, diseñado por Zaha Hadid Architects. El monumental centro comercial, con planta baja y primer piso, fue terminado en 2015 e incluye tiendas, restaurantes, salas de cine y unos grandes almacenes. Tiene un diseño alargado con un patio abierto en su eje principal y una serie de cubiertas de diseño paramétrico. Las dos entradas principales, situadas en la carretera Nacional, se encuentran bajo un techo translúcido apoyado

en soportes de acero. El complejo residencial diseñado por la oficina de Zaha Hadid, que será construido próximamente, tendrá seis edificios ondulantes situados alrededor de lujosas áreas verdes.

> *Esfera City Center This complex, located in the south-eastern edge of Monterrey, was conceived as a mixed-use compound measuring 19 hectares. It combines a shopping centre designed by Sordo Madaleno Arquitectos with a residential complex, designed by Zaha Hadid Architects, comprising 900 housing units, office spaces, and a hotel. The monumental two-storey shopping mall, consisting of shops, restaurants, movie theatres, and a department store, was finished by the end of 2015. It has a linear layout with an elongated open patio on its main axis, shaded by a series of canopies inspired by a parametric design. Its two main entrances, along the Carretera Nacional, are located under a translucent roof supported by steel elements. Zaha Hadid's intervention, soon to be constructed, will have six undulating buildings that surround luxurious green areas.*

Estadio BBVA Bancomer

Pablo Livas 2011,
Parque La Pastora, Guadalupe
Populous,
Harari Landscape Architecture
2011–2015

Este vanguardista estadio está situado en un entorno medioambiental delicado y simbólico. Se encuentra próximo al río La Silla, el único río en Monterrey con un ecosistema, y al pie del cerro de la Silla, en una zona conocida como La Pastora. Es la nueva sede del Club de Fútbol Monterrey, estadio local del equipo de los Rayados, y supuso una inversión de 200 millones de dólares. Su circunferencia de 800 m tiene espacio para más de 50.000 espectadores, con 4.500 asientos y dos salones para miembros del club, 324 lujosas suites, un restaurante y un bar. Su revestimiento de aluminio refleja el carácter industrial de la ciudad. Su forma curva asimétrica es de menor altura en el lado sur, enmarcando así la vista del cerro de la Silla, mientras que una serie de aberturas en el revestimiento permiten la ventilación. La cubierta está apoyada en una estructura de acero, con columnas y armazones que crean un impresionante pórtico interior. El solar tiene 24 hectáreas, sombreadas por 1.100 árboles locales, y su estacionamiento tiene un diseño ondulante que sigue la topografía, creando zonas de absorción de agua de lluvia que la filtran al subsuelo y conducen el excedente hacia el río.

> Estadio BBVA Bancomer *This state-of-the-art stadium is in an environmentally sensitive and symbolic place. It is situated along the La Silla River, the only river in Monterrey with an ecological system, and on the foot of the Cerro de la Silla mountain in an area known as La Pastora. This is the new venue of the Club de Futbol Monterrey, home of the Rayados football team, representing an investment of 200 million dollars. The stadium has a circumference of 800 metres and holds over 50,000 spectators, with 4,500 club seats, 324 luxury suites, two club lounges,*

a restaurant, and a bar. Its aluminium-clad form is inspired by the industrial character of the city's brewery stills and laminated metal works. Its asymmetric curvature lowers on the southern side, which frames the view of the Cerro de la Silla, while the openings of the clad surface allow air to flow. The stadium is supported by steel structural columns and trusses that create an impressive inner arcade. It sits on a 24-hectare landscape with a unique parking design that undulates following the topography. Absorption zones, installed between every two rows of cars and shaded by 1,100 local trees, filter the rain water into the soil and lead the surplus towards the river.

Capilla Santa Teresita
del Niño Jesús
Tacubaya 200,
Colonia Churubusco
Félix Candela, Domingo Viesca
1957–1958

057 B

Esta pequeña iglesia se encuentra en la esquina de un barrio modesto. Debido a su tamaño, en la actualidad se utiliza principalmente como una capilla para bodas. Fue diseñada —paradójicamente— con una cáscara de hormigón como estructura, sistema normalmente utilizado para cubrir grandes superficies. Esta fue construida por la empresa local Cubiertas Ala del Norte. Este sistema fue utilizado en la nave principal —compuesta por cuatro pares de «paraguas» de hormigón— que se unen en su punto más alto definiendo así el eje central de la iglesia. El último par de paraguas es ligeramente más alto que el resto, acentuando la posición del altar y otorgándole una mayor importancia. La cubierta tiene cinco soportes a cada lado, que crean una fachada con un ritmo en zigzag, en la que también se encuentran una serie de vitrales que proporcionan iluminación natural. Su sobrio y modesto interior permite concentrar toda la atención del espacio en el altar.

> *Capilla Santa Teresita del Niño Jesús* This small modern church is located in the corner of a modest neighbourhood. Due to its size, it is now used mainly as a wedding chapel. Paradoxically, it was designed with a concrete shell structural system that is usually used to cover great spans. This structural system was constructed by the local firm Cubiertas Ala del Norte. The innovative, thin structure was used to create a traditional, longitudinal nave by joining four pairs of 'concrete umbrellas' at their highest points to form the central axis of the church. The final pair of concrete umbrellas is positioned slightly higher than the rest in order to accentuate the importance of the altar. The church has five supports on each side that create a zigzagging lateral façade with stained-glass windows that provide natural illumination. The church's sober and modest interior draws the attention to the altar.

inspirado en la sede corporativa de John Deere en Illinois, obra de Eero Saarinen. El arquitecto se aprovechó del entorno verde, proyectando unas fachadas de vidrio —en las zonas de oficinas— que se alternan rítmicamente con paredes de ladrillo rojo en las áreas de servicio. La fachada está rodeada en todo su perímetro por una estructura con lamas horizontales de metal. Fue concebido como un volumen simétrico y exento, aunque lamentablemente en los años noventa se le anexó un nuevo edificio en el lado norte, para convertirlo en parte de un complejo de oficinas gubernamentales.

> *Ciudad Laboral* *This building was the first and only building constructed as part of the masterplan for the complex Fundidora de Fierro y Acero. The rectangular two-storey building, inspired by Eero Saarinen's John Deer headquarters in Illinois, was designed as an avant-garde office space for information systems with steel as its primary material. The architect took advantage of the open spaces in the surrounding area, and created glass façades that rhythmically alternate between transparent glass windows (covering the office spaces) and red brick walls (covering the service areas). The building is shaded by metal louvres that run along the perimeter. The building was conceived as a symmetrical free-standing volume that unfortunately underwent major reconstruction in the 1990s when the government attached a new building to the northern side, turning it into part of a government complex.*

Ciudad Laboral
(antiguas oficinas de la
Fundidora Monterrey)
Churubusco 495, Colonia Fierro
Rodolfo Barragán
1973–1975

058 B

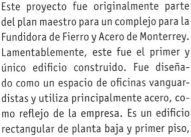

Este proyecto fue originalmente parte del plan maestro para un complejo para la Fundidora de Fierro y Acero de Monterrey. Lamentablemente, este fue el primer y único edificio construido. Fue diseñado como un espacio de oficinas vanguardistas y utiliza principalmente acero, como reflejo de la empresa. Es un edificio rectangular de planta baja y primer piso,

El Obispado y la expansión industrial al noroeste

Obispado and Northwest Industrial Expansion

C

GENERAL ESCOBEDO

074

Cerro del
Topo Chico

SAN NICOLÁS
DE LOS GARZA

MONTERREY

073

072 Campus
UANL

069

Tour C 068

0   3 km

UANL Ciudad
Universitaria

Av. Fidel Velázquez

Manuel Barragán

Universidad

Universidad

Pedro de Alba

M

Parque
Niños
Héroes

Niños
Héroes

Vicente Guerrero

M

071

Ciudad de
Los Ángeles

070

Don Luis G. Sada

UANL

0   500 m

Popocatepetl
Iztaccihuatl
San Salvador
Guadalcazar
Cedral
Matehuala
Peñón Blanco
Monclova
Parras
Cuatro Ciénegas

Muzquiz

Simón
Bolívar M

Av. Las Mitras

Casas Grandes

Hermosillo

Mutualismo

UANL
Campus Ciencias
de la Salud

Moisés Sáenz (Av. Urdiales)

Eduardo Aguirre Pequeño

Hospital

Celaya

Salamanca

Tulancingo

M

068

León

Reforma

Francisco I. Madero

Sayula

Padua

Chapala

Lagos

Zapotlán

Autlán

Guadalajara

Joel Rocha

Oscar F. Castillón

Av. Simón Bolívar

067

Modesto Arreola

Av. General Pablo González Garza

Dr. Francisco Rocha

Dr. José
Luna Ayala

Jesús María
González

Dr. José Eleuterio González

José Benítez

Cerro del
Obispado

060

059

Calzada San Jerónimo

061

062

Av. Ignacio Morones Prieto

Miguel Hidalgo

0   500 m

Constitución

Cuautitlán

Hermosillo

18 de Marzo

Fortunato Lozano

Anastasio Bustamante

Tomás Alba Edison

20 de Noviembre

Valentín Canalizo

Anastacio Bustamante

José María Luis Mora

Jerez

Manuel María Lombardini

Luis Quintanar

General Pedro Maria Anaya

Alanis Valdez

Pedro María Anaya

069

Río Jordan

18 de Marzo

Roble

Artículo 123

Marconi

12 de Abril

J. Joaquín Herrera

General Manuel Gómez Pedraza

José Justo Corro

Fco. Javier Echeverría

Miguel Nieto

8a Norte

Av. Bernardo Reyes

Miguel Barragán

Tomás Alba Edison

Tomás Alba Edison

José Justo Corro

Melchor Muzquiz

Lima

Guadalupe Victoria

Héroe de Nacozari

Santos Degollado

20 de Noviembre

Guadalupe Victoria

Río Jordan

18 de Marzo

Roble

José M. Michelena

Pedro Celestino Negrete

Colón

Av. Cristóbal Colón

Av. Francisco I. Madero

M

Edison

M

Central

Tomás Alba Edison

20 de Noviembre

Av. Venustiano Carranza

Carlos Salazar

Jerónimo Treviño

Isaac Garza

Juan Álvarez

Av. José Silvestre Aramberri

066

Santiago Tapia

M. M. del Llano

Juan Villagrán

Patricio Milmo

065

MONTERREY

Albino Espinosa

Ruperto Martínez

J. S. Aramberri

Washington

Calle América

5 de Mayo

Francisco Garza Sada

5 de Mayo

15 de Mayo

063

064

Mariano Matamoros

Degollado Sur

20 de Noviembre

Calle Padre Mier

Miguel Hidalgo

El Obispado y la expansión industrial al noroeste

La ciudad empezó a crecer en 1800 hacia el oeste, siguiendo el camino que lleva a Ciudad de México. En esta zona se había construido el Palacio del Obispado, en la colina que lleva el mismo nombre, y a principios de 1900 se establecerían aquí los panteones De El Carmen y de Dolores. El oeste fue también el lugar donde las primeras tierras agrícolas se convirtieron en un suburbio conocido como la colonia Obispado, donde se encuentra la casa de don Eugenio Garza Sada. Mientras tanto, el desarrollo industrial llegó al norte de Monterrey en 1900, en la zona detrás de las vías del ferrocarril. Aquí es donde se encuentra la cervecería Cuauhtémoc y otras industrias importantes. A partir de mediados del siglo XX nuevas fábricas fueron situándose poco a poco en el oeste y noroeste de la ciudad, y este lugar terminó convirtiéndose en la zona industrial más importante de Monterrey. Es aquí también donde se encuentra la UANL, la tercera universidad más grande del país.

059   Oficinas en el Parque

Obispado and Northwest Industrial Expansion

It was towards the west that the city first expanded, in the 1800s, along the road leading to Mexico City. The west is where the Obispado (Bishop's Palace) was built, on the hill that bears the same name, and the cemeteries El Carmen and Dolores were also located close by in the early 1900s. The west was also where the first agricultural lands were turned into Colonia Obispado, the suburb where the house of Don Eugenio Garza Sada is located. Meanwhile, industrial development took place in the northern fringe in the 1900s, behind the railroad tracks. The Cuauhtémoc Brewery is located here, along with other important industries. From the mid-twentieth century onwards, new factories were also located to the west and north-west of the city, making this area the most important industrial area of Monterrey. This area also houses the UANL (Autonomous University of Nuevo León), the third largest university in the country.

Vista panorámica de la zona oeste de Monterrey
Panoramic view of the west of the city

Oficinas en el Parque
Díaz Ordaz 140,
Colonia Santa María
José Camargo;
Mario Schjetnan
(paisajismo/landscape architecture)
1995–1998

059 C

Oficinas en el Parque es un complejo situado en la colonia Santa María, una zona llena de edificios corporativos, hoteles y apartamentos en el oeste de Monterrey, en el límite con el municipio Santa Catarina. Este complejo está situado entre dos avenidas importantes, que corren paralelas en dirección este-oeste. El plan maestro propone una calle principal que cruza el predio de norte a sur con una rotonda central. Los edificios más destacados son dos torres, conocidas como las Torres Moradas. Estas tienen una posición diagonal respecto al predio, la Torre 1 en la esquina sudoeste del predio y la Torre 2 en la esquina nordeste, con la rotonda entre ellas. Tienen forma de prisma trapezoidal y dos volúmenes bien diferenciados: una gruesa pared morada con ventanas pequeñas, donde se encuentran todas las áreas de servicio, adosada a un volumen recubierto de vidrio reflectante. La Torre 1, terminada en 1996, tiene 98 m de altura y 24 pisos. La Torre 2, terminada en 1998, tiene 115 m de altura

y 28 pisos. Este complejo también ofrece otros servicios, en un entorno paisajístico bien diseñado, que incluye incluso un pequeño lago.

> *Oficinas en el Parque This is a complex located in an area known as Santa María, full of corporate buildings, hotels, and a recently built high-rise apartment building, on the western edge of Monterrey bordering the municipality of Santa Catarina. This complex is located between two parallel main avenues that run from east to west, in an area in which the two towers, the Torres Moradas, stand out. The masterplan consists of a main road that crosses the site from north to south with a central roundabout. The towers stand diagonally – Tower 1 on the southwestern edge and Tower 2 on the northwestern edge – separated by the roundabout. Both towers have an identical form: a trapezoidal prism with a slanted top. On the west side of each building is a thick purple wall where all the service areas are located. The purple wall has small windows facing west, while the other part of the prism faces east and is completely covered in reflective glass. Tower 1, finished in 1996, is 98 metres tall with 24 floors. Tower 2, finished in 1998, is 115 metres tall with 28 floors. The complex also offers other amenities within a splendid landscape design that features a lake-like fountain inside a park environment.*

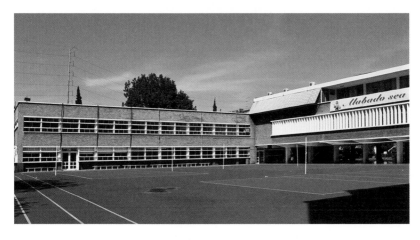

Colegio Mexicano
San Jerónimo 769,
Colonia San Jerónimo
Manuel Rodríguez,
Ricardo Guajardo
1949–1952

060 C

La escuela original fue fundada en el año 1887 y cerrada en 1935, para ser reabierta en 1949 en sus nuevas y modernas instalaciones en la antigua hacienda de San Jerónimo, en el extremo oeste de la ciudad. Tiene una moderna disposición de manzana abierta, con los edificios dispersos en jardines. La primera aula y el edificio de administración, diseñados por Manuel Rodríguez y situados en paralelo a la calle principal, tienen un diseño racional moderno con una estructura de hormigón, ventanas corridas y muros de ladrillo gris. Más adelante se agregaron dos estructuras similares, siguiendo el mismo concepto del primer edificio. El jardín infantil ubicado en el lado sudeste es de Ricardo Guajardo, y cuenta con un domo geodésico como estructura multiuso, conectada a aulas con patios, inspirado quizás en Richard Neutra. Otra estructura importante, diseñada también por Guajardo, es el auditorio situado un poco más apartado, en el lado nordeste. Tiene un impresionante techo plisado, con un cascarón de hormigón con forma de abanico.
> *Colegio Mexicano* The original school, founded in 1887, was closed in 1935 so that it could be reopened in 1949 in its new modern premises in the old estate San Jerónimo on the western edge of Monterrey. The school's layout takes the form of a modern open block with buildings dispersed in

its gardens. The first classrooms and administration building, designed by Rodríguez Vizcarra, are located parallel to the main street and have a modern, rational design that features a concrete structure, elongated windows, and exposed grey brick. Two similar structures were added towards the back, based on the concept of the first building. The kindergarten, located on the southeastern side, is by Guajardo and features a geodesic dome used as a multi-purpose structure. The kindergarten is connected to classrooms with patios, inspired perhaps by Richard Neutra. Another important structure, designed by Guajardo, is the auditorium situated on the far north-eastern side of the complex. It has an impressive roof made of a pleated fan-like concrete shell.

Hospital Christus Muguerza `061` `C`
Miguel Hidalgo 2525,
Colonia Obispado
Herbert Green
1933–1934

Debido a la falta de hospitales privados en Monterrey, José Antonio Muguerza fundó este centro como parte de una corporación llamada Hospitales Modernos. Tiene una estructura de hormigón, y su construcción duró tan solo un año. Fue diseñado por Herbert Stanley Green, quien trabajó con Alfred Giles, autor del Arco de la Independencia y del Banco Mercantil. Cuenta con un sótano de servicio, una planta baja de administración, primer y segundo pisos de habitaciones, tercer piso de cirugía y cuarto piso de maternidad. El edificio tiene un carácter académico, con un diseño simétrico y una marcada jerarquía en su composición: el elemento central del edificio es de seis pisos, su volumen adyacente tiene cinco, el siguiente tres, y la base es una planta baja. Su diseño es sobrio, de cuidadas proporciones y detalles. Hoy en día, este hospital se ha transformado en un gran complejo, con

múltiples edificios interconectados, pero ha logrado mantener su carácter, particularmente en la fachada.

> **Hospital Christus Muguerza** José Antonio Muguerza Crespo founded this hospital as part of a corporation called Hospitales Modernos, in response to the lack of private hospitals in Monterrey. It only took a year to build, in what was to become the Obispado neighbourhood. It was designed by Herbert Stanley Green, who had worked with Alfred Giles, architect of the Arco de la Independencia and Banco Mercantil. The various areas of this concrete structure were allocated to the hospital's functions as follows: the basement for service areas, the ground floor for the administration, the first and second floors for patient wards, the third floor for surgery wards, and the fourth floor for maternity wards. The building has an academic character, with a strict symmetry in its layout and a hierarchy in its composition. The building's central section is a six-storey volume that gradually steps down to five storeys in its adjacent volume, then to three storeys, to finally rest on the single-storey base. Its design is sober, with well-kept proportions and moderate details. This hospital has transformed into a complex, incorporating adjacent and inter-connected buildings, but it has maintained its character, particularly in its façade.

El Obispado, Museo Regional de Nuevo León

062 C

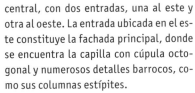

Fray Rafael José Verger s/n.,
Colonia Obispado
desconocido/unknown;
Joaquín Mora (restauración/renovation);
INAH (restauración/renovation)
1787–1788, 1944, 2003–2008

Este edificio es un verdadero icono en el paisaje de Monterrey. Construido como residencia vacacional de Rafael José Verger, segundo obispo de Monterrey, es conocido como El Obispado, pese a no tener ningún carácter religioso. Está situado en una prominente colina que lleva el mismo nombre, con una excelente vista panorámica de la ciudad. Ha tenido diferentes usos a lo largo de los años. Tras ser brevemente la casa del obispo, fue abandonado y a partir de mediados de 1800 utilizado como fortaleza militar, período durante el cual sufrió graves daños. Su primera restauración, a cargo de Joaquín Mora, tuvo lugar en 1944 y diez años después abrió sus puertas como museo histórico. Actualmente es el Museo Regional de Nuevo León. Tiene un patio cuadrado, con un corredor externo soportado por arcos, rodeado por habitaciones comunicadas entre sí. Sigue una construcción tradicional vernácula, con piedra de sillar, muros anchos y techos altos. Tiene una simetría estricta respecto a un eje central, con dos entradas, una al este y otra al oeste. La entrada ubicada en el este constituye la fachada principal, donde se encuentra la capilla con cúpula octogonal y numerosos detalles barrocos, como sus columnas estípites.

> *Obispado This building is a true icon in Monterrey's landscape. Built as a holiday home for Rafael José Verger, the second bishop of Monterrey, it is known as the Obispado despite not having a religious character. It is located on a prominent hill, which bears the same name, and has an excellent panoramic view of the city. It has had different uses over the years. It was briefly the home of the bishop; later it was abandoned so that it could be used as a military fort in the mid-1800s. It was thus severely damaged, until 1944 when it was restored by Joaquín A. Mora. Ten years later, it was opened as a historical museum. Today, it serves as the regional museum of Nuevo León. Its layout consists of a square patio, an external corridor supported by arches, and interconnected rooms along the perimeter. It is a piece of vernacular architecture with wide walls and high ceilings and has been built with ashlar stone using a traditional construction method. It is symmetric with respect to a central axis defined by its two entrances – one on the east and one on the west. The east entrance is its main façade, where the chapel with an octagonal dome is located, and displays baroque details such as estipite columns.*

Casa de don Eugenio Garza Sada `063` `C`
Cerro del Obispado 603,
Colonia Obispado
Herbert Green; Óscar Martínez
(restauración/renovation)
1920, 2015

Esta fue la primera casa de este barrio suburbano al pie de la colina de El Obispado. Su propietario fue uno de los más importantes empresarios de Monterrey, director de la cervecería Cuauhtémoc y creador del prestigioso Tec de Monterrey. Tras su muerte en 1973, la casa fue abandonada hasta el año 2015, cuando fue reabierta como centro cultural. Su autor, un arquitecto texano de San Antonio, favoreció un diseño ecléctico con un estilo *arts&crafts,* expresado a través de una estructura asimétrica de planta baja y primer piso. Esta se encuentra apoyada sobre un pórtico abierto, cuyo techo sirve como terraza con vistas a la ciudad. La asimetría se logra mediante la incorporación de una torre con techo inclinado. La entrada se encuentra en la fachada posterior, mientras que la fachada principal da la cara a la ciudad. Esta tiene varios detalles caprichosos, como un friso sobre una cornisa inclinada, celosías, balcones y tres ventanas con forma de herradura.

En el interior, el espacio principal cuenta con una gran escalera y detalles de madera. Fue construido con materiales locales, tales como ladrillo, yeso y acero.

> Casa de Don Eugenio Garza Sada *This was the first house to be built in this suburban neighbourhood at the foot of the Obispado hill. The owner was one of the most important entrepreneurs of Monterrey: he headed the Cuauhtémoc Brewery and created the prestigious university Tec de Monterrey. After his death in 1973, the house was abandoned and remained out of use until it was reopened as a cultural centre in 2015. The architect, originally from San Antonio, opted for an eclectic Arts and Crafts design. The house thus features an asymmetrical two-storey structure over an open veranda, which serves as a spacious terrace overlooking the city. A tower, featuring a steep hip roof, creates the asymmetry. The entrance is on the back façade, while the main façade faces the city. This city-facing façade is full of whimsical details such as a frieze over an inclined cornice, lattice banisters, balconies, and three horse shoe-shaped windows over the central door. Inside, the central space contains a grand staircase and wooden details. The house was built using local materials such as bricks, plaster, and steel.*

Escuela Superior de Música y Danza de Monterrey

Padre Mier 1720,
Colonia Obispado
Pedro Gorozpe; INAH
(restauración/renovation)
1911–1913, 2001

064 **C**

Esta escuela data de 1913, una época conocida en México como el Porfiriato. Fue diseñada por un arquitecto prominente de este período. Ubicada en el cerro del Obispado, fue construida como escuela católica para niñas, administrada por las monjas del Sagrado Corazón y financiada por diversas familias importantes de la localidad. A finales de los años sesenta fue cerrada, y permaneció vacía hasta 1977, cuando se transformó en esta importante escuela de música y danza. Es un impresionante edificio de dos plantas, con aspecto de fortaleza, construido en piedra y ladrillo rojo y amarillo, con una ecléctica mezcla de influencias románicas y góticas. Tiene un patio central de más de 1.250 m², rodeado por un corredor que conduce a las habitaciones y está abierto en la planta baja y cerrado en los pisos superiores. También presenta una sucesión rítmica de ventanas, columnas y pilastras con capiteles adornados, y diseños creados con ladrillos de colores.

Los interiores, de techos altos, tienen un carácter solemne lleno de detalles. En 2001 fue de nuevo restaurada y se amplió en una planta, para poder cubrir las nuevas necesidades de la escuela.

> *Escuela Superior de Música y Danza* This building was built in 1913, in an era known as El Porfiriato, and was designed by a prominent architect of the period. Located on the Obispado hill, it was built as a girls' Catholic school run by the nuns of the Sacred Heart and sponsored by important local families. It was closed in the late 1960s and remained uninhabited until 1977, when it was transformed into today's important music and dance school. It is an impressive three-storey building with a fortress-like appearance, built with stone and red and yellow brick, displaying an eclectic mix of Romanesque and Gothic influences. It has a central courtyard, measuring over 1,250 square metres, surrounded by a corridor that leads to each room and which is open on the ground floor and closed on the upper floors. The school also features a rhythmic series of windows, columns, and pilasters with adorned capitals and coloured brick designs. Inside, the high-ceiling interiors have a solemn character filled with original details. It was respectfully reconstructed in 2001, when Domínguez added an additional floor in response to the school's requirements.

Panteón de El Carmen
Nicolás Bravo/Washington,
Colonia Centro
Alfred Giles, Pedro Cabral
1901

065 C

Este cementerio fue construido a las afueras de la ciudad, en una zona de huertas de nogales y aguacates, ya que los camposantos de las iglesias en ese momento no eran suficientes. En 1899, el Dr. Armando Fernández presentó este proyecto al gobernador Bernardo Reyes. Consistía en un cementerio-jardín privado, diseñado por Albert Giles, que daba respuesta a las nuevas exigencias de la creciente sociedad regiomontana de principios de 1900. Giles diseñó el trazado general, la puerta de entrada, la capilla y los mausoleos de las familias Armendaiz y Rivero. La puerta de entrada es de estilo neogótico y está construida en piedra de cantera con cuatro bases que convergen en dos arcos apuntados, uno a cada lado, y un arco más alto y amplio en el centro con dos estilizados pináculos y un óculo. La capilla es pequeña, con un techo inclinado apoyado en contrafuertes. Su fachada principal tiene una puerta central de arco apuntado con ventanas arqueadas, tres pequeñas ventanas sobre la puerta y una espadaña en la parte superior. El valor arquitectónico de este conjunto se basa en el diseño de sus monumentos, que van desde el trabajo académico de 1900 a la obra posrevolucionaria y moderna de 1950.

> *El Carmen* This cemetery was built in the outskirts of the city in a farmland area full of avocados and pecan trees as a response to the fact that church graveyards had almost reached their maximum capacities. In 1899, Dr Armando Fernandez presented this project to governor Bernando Reyes. The idea was to create a privately run garden cemetery designed by Albert Giles. This cemetery would go on to meet the new requirements of Monterrey's growing society in the early 1900s. Giles designed the layout as well as the gateway and chapel in addition to the mausoleums of the Armendaiz and Rivero families. The gateway was designed in a Gothic Revival style. It was built using cantera stone and has four bases that converge to form two pointed arches, one on each side, and one wider central arch with two stylised pinnacles and an oculus in the centre. The chapel is small, with a steep mono-pitched roof supported by buttresses. Its main façade has a central pointed arched door with two side arched windows, three small windows over the door, and a bell gable on top. Its architectural value lies in the design and workmanship of its monuments, which range from the academic work of the 1900s to the post-revolutionary and modern work of the 1950s.

Panteón de Dolores
José Silvestre Arramberri /
20 de Noviembre,
Colonia Centro
Anastacio Puga
1920

066 C

Durante un tiempo se creyó que El Carmen y Dolores eran el mismo cementerio, pero en realidad son dos proyectos diferentes. Adolfo Villarreal, dueño del terreno al norte de El Carmen, creó la compañía Panteón de Dolores en 1920 y contrató a Anastacio Puga para el diseño de este proyecto. El arquitecto, inspirado en Giles, también creó un portal y una capilla, pero no en un estilo académico, sino que recurrió a un neogótico ecléctico con un espíritu libre modernista. La entrada tiene un diseño inusual, con cuatro bases que conforman un arco de trébol central y dos laterales. Estos arcos aportan riqueza al portal, junto con las robustas columnas en las que se apoyan y un óculo sobre cada uno de ellos que asemeja una flor cuadrifolia. El follaje exuberante y las voluptuosas hojas resaltan la riqueza del diseño de esta entrada. La capilla también es similar a la de El Carmen, pero tiene dos torres laterales, como las torres de una catedral gótica. Su estructura no tiene contrafuertes, ya que utiliza un marco de acero y hormigón recubierto con un almohadillado de piedra. Los monumentos funerarios de este cementerio son menos ostentosos que los que se encuentran en el Panteón de El Carmen.

> *Dolores* *It was once believed that El Carmen and Dolores were the same cemetery, but they were in fact built as part of two different projects. Adolfo Villarreal, who owned the land to the north of the El Carmen cemetery, created the company Panteón de Dolores in 1920 and hired Anastacio Puga to design this project. Puga, inspired by Giles, also created a gateway and a chapel but not in an academic style. Instead he resorted to an eclectic mixure of the Gothic Revival style and the free spirit of modernism. The gateway has an unusual design with four bases that form a central trefoil arch and two trefoil side arches. These trefoil-shaped pointed arches enrich the portal along with the sturdy columns on which they rest and the oculi over the arches that resemble flowers or quatrefoils. The Gothic-style florets, exuberant foliage, and voluptuous fronds add to the richness of this design. The chapel is also similar to the one in El Carmen, but includes two side towers like the spires of a Gothic cathedral. Its structure has no buttresses since it uses a steel frame with concrete and a stone-padded surface. The funerary monuments of this cemetery are less ostentatious than those in El Carmen.*

Parroquia de San Juan Bautista de la Salle

Virgilio Garza 400,
Colonia Chepevera
Gustavo Coindreau
1956

Esta iglesia está ubicada en un parque de la colonia Chepevera. Durante la década de los cincuenta, en Monterrey se hizo popular el uso de estructuras innovadoras en el diseño de iglesias, y este es un claro ejemplo de ello. Tiene un diseño futurista basado en una estructura espacial sin soportes internos. Su autor, un ingeniero civil, diseñó la estructura como una armadura rígida, ligera y tridimensional, con un patrón geométrico. Su forma icónica fue llamada crinolina, debido a su semejanza con esta prenda interior femenina. La estructura se basa en la rigidez de los paneles triangulares para crear este volumen. Estos varían en tamaño, son más grandes en la parte inferior y más pequeños en la parte superior, dando lugar así a esta figura geométrica. En la parte superior, los paneles son translúcidos, y actúan como tragaluces para iluminar la iglesia. Tiene tres entradas en forma de trapecio, la principal está frente al altar. Detrás de este se encuentran las áreas de

servicio, realizadas con un sistema constructivo tradicional. El interior es sencillo, monocromático, moderno y sin excesivos detalles, excepto la textura triangular de la propia estructura.

> Parroquia de San Juan Bautista This church is located in a neighbourhood park in Colonia Chepevera. It typifies the trend, very popular in Monterrey in the 1950s, of using innovative structures to build churches. The futuristic design concept was based on a space-inspired structural frame with no inner supports. The civil engineer who came up with this concept designed the truss-like, lightweight, rigid structure by interlocking struts to form a geometric pattern in the shape of a nose cone. Its iconic shape was named 'crinoline' because of its similarity to the stiff hooped petticoat. The triangular panels that make up the structure vary in size – bigger in the bottom and smaller on the top. The panels are translucent on the top and are used as skylights to illuminate the church. There are three trapezium-shaped entrances, the main one being in front of the altar. Service areas, built using traditional construction systems, are located behind the altar. Inside, the church is simple, monochromatic, modern, and with no details except the triangular elements of the structure.

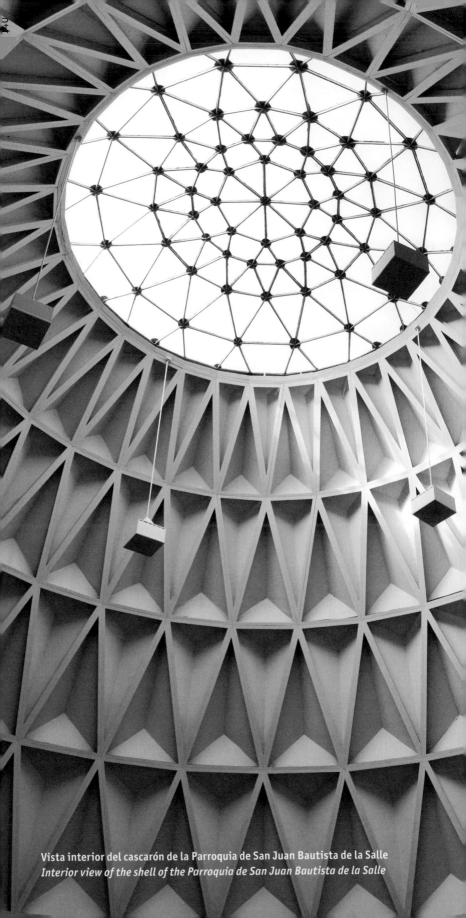

Vista interior del cascarón de la Parroquia de San Juan Bautista de la Salle
Interior view of the shell of the Parroquia de San Juan Bautista de la Salle

C

El Obispado y la expansión industrial al noroeste

Hospital Universitario
Dr. José Eleuterio González

068 C

Francisco I. Madero s/n.,
Colonia Mitras Centro
Eduardo Belden,
Leopoldo Quijano,
William Walsh
1934–1943

El origen de este hospital público fue el antiguo hospital civil, también llamado Hospital González, construido en 1869 en el centro de la ciudad. Debido a su mal estado, el recién nombrado gobernador Francisco Cárdenas decidió en 1931 construir uno nuevo, acorde con los tiempos modernos. El predio seleccionado, de 30 hectáreas, estaba a las afueras de la ciudad, en el límite oeste de la calzada Madero. Su construcción duró casi diez años. Es desde 1955 un hospital universitario, parte de la Universidad Autónoma de Nuevo León. El edificio muestra una estricta simetría en estilo *art déco*. Tiene un cuerpo central de seis pisos, con dos pisos adicionales sobre el acceso, que forman una torre. Sus cuatro alas, dispuestas de manera radial, crean un diseño en forma de «X». Estas cuatro alas originalmente tenían cinco pisos, y posteriormente se agregó uno adicional. La entrada principal concentra los detalles *art déco* en la torre exterior, con contornos angulares y detalles escalonados. El vestíbulo cuenta

con un espléndido conjunto de candiles. Tiene una fuerte presencia urbana, como culminación de la avenida Madero, reforzada por este volumen de entrada y los jardines que lo rodean.

> Hospital Universitario The origin of this public hospital can be traced back to the old Hospital Civil or Hospital González, built in the city centre in 1869. In response to the poor conditions in the old hospital, the governor Francisco A. Cárdenas decided in 1931 to build a new one that would be capable of meeting modern requirements. A 30-hectare site was chosen on the western edge of the Calzada Madero on the outskirts of the city. Construction took almost 10 years and involved the participation of several governors. It has been a teaching hospital as part of the Universidad Autónoma de Nuevo León since 1955. The building has a strict symmetry in the Art Deco style. The central building section is six storeys tall, with two additional storeys above the entrance that form a tower. The four wings point radially outwards to create an 'X' shape. These wings were originally five storeys tall but an extra floor was built on top later. Most of the Art Deco details are on the tower exterior, which has an angular silhouette and stepped piers. The vestibule features a splendid set of chandeliers, and the entrance and gardens enhance the building's presence in the urban environment as the culmination of the Avenida Madero.

Cervecería Cuauhtémoc
Alfonso Reyes 2202,
Colonia Bellavista
Ernest Janssen, José Siller
1898–1905

069 C

José Calderón, dueño de una tienda local que importaba cerveza de Missouri, siempre soñó con tener su propia cervecería. Un año después de su muerte, sus amigos Isaac Garza, José A. Muguerza y Francisco Sada crearon esta cervecería con la ayuda de Joseph Schneider, suministrador estadounidense de Calderón. La primera edificación fue una simple estructura de madera hecha en 1890, que ocho años más tarde dio paso al edificio de ladrillo actual. El encargado del diseño fue Ernest Janssen, un arquitecto de St. Louis, con los aportes de Schneider basados en su experiencia en el sector cervecero. Fue construida por José Siller. A pesar de ser un edificio industrial tiene un carácter neoclásico victoriano, marcado por el uso de ladrillo rojo en el exterior. La estructura es de acero. La construcción tiene cinco pisos y es ligeramente asimétrica. Está definida por una base rusticada, un cuerpo central de tres pisos y un ático. Su diseño, cuidadosamente detallado, crea una composición rítmica de arcos y ventanas. El elemento protagonista es la torre, coronada con una cúpula octogonal. La cervecería está todavía en funcionamiento y alberga el Salón de la Fama del Béisbol y un jardín tradicional.

> *Cuauhtémoc Brewery* José Calderon, a local shop owner who imported beer from Missouri, always dreamt of having his own brewery. One year after his death, Calderon's friends – Isaac Garza, José A. Muguerza, and Francisco Sada – collaborated with Joseph Schneider, the brewery owner who had supplied beer to Calderon, to build the brewery. The first building was a simple wooden structure made in 1890, which soon gave way in 1898 to the brick building that stands today. Ernest Janssen, an architect from St. Louis, designed the building with input from Schneider, who drew on his wealth of experience as a brewery operator to advise on the design process. José Siller oversaw the construction process. Despite being an industrial building, the brewery has a Victorian neoclassical style with red brick on the exterior and a steel structure inside. The five-storey building is almost symmetrical and is characterised by its rusticated base, central three-storey shaft, and cornice. This carefully designed red-brick structure is a rhythmic composition of arches and windows. Its most important and visible feature is the tower, which is crowned with an octagonal cupola. The brewery, still in operation, houses the Mexican Baseball Hall of Fame and its traditional beer garden.

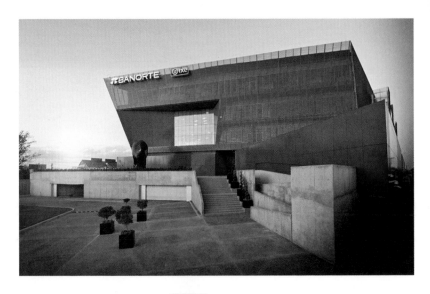

Centro de Contacto Banorte-Ixe, 070 C
Roberto González Barrera
Alfonso Reyes 5653
LeNoir&Asociados
2012

Este edificio está situado en la zona industrial al norte de Monterrey. Es un volumen rectangular compacto de 45.660 m², con un frente estrecho y gran profundidad. El edificio tiene tres sótanos de aparcamiento y una planta baja para instalaciones y que lleva a la entrada, situada en el primer nivel. Aquí se encuentra una plaza de acceso con una escultura, que conduce a la recepción, oficinas, comedor y otras instalaciones. En el segundo y tercer pisos están las áreas de servicio al cliente y el cuarto nivel son principalmente oficinas administrativas. La azotea tiene áreas de servicio y un jardín botánico de 2.000 m². Formalmente, el edificio responde a su entorno industrial. Retrocede diagonalmente respecto a la plataforma de hormigón de la plaza para formar un volumen piramidal recubierto de persianas de aluminio. El nivel de entrada está revestido por paneles rojos, y su volumen se extiende diagonalmente hacia la calle para acentuar la entrada. Los diferentes materiales —hormigón a la vista, paneles rojos y celosías de aluminio— ayudan a producir una composición abstracta en fachada. En el interior se encuentra un patio central alargado de cuatro alturas, cubierto por un tragaluz de cristal templado transparente. Este edificio tiene una conciencia medioambiental, por la elección de sus materiales ecológicos y el techo verde.

> *Centro de Contacto Banorte-Ixe This contemporary building in the industrial area in the north of Monterrey is a compact rectangular volume measuring 45,660 square metres. It has a narrow front and an extended depth. The building has three underground parking levels, a ground floor that houses service equipment, a ramp, and a large staircase. The first floor has an access plaza that features an interesting sculpture and leads to the lobby, offices, dining area, and other facilities. The second and third levels are customer service areas and the fourth level mainly houses administrative offices. The rooftop has service areas and a 2,000-square-metre botanical garden. Formally, the building responds to its industrial surroundings. It recedes diagonally from the concrete platform of the plaza to form a pyramid-like volume clad in aluminum louvres. The building rests on a base clad in red panels – the first floor – which extends diagonally towards the street to accentuate the entrance. The changes in materials – in the raw concrete, red panels, and aluminum louvres – help to produce an abstract composition. Inside, a central four-level courtyard runs along the length of the building, covered by a clear tempered glass dome. Meanwhile, the building also addresses social and environmental concerns through its choice of ecological materials and its roof garden with important species.

Biblioteca Universitaria UANL, `071` C
Raúl Rangel Frías
Alfonso Reyes 4000,
Colonia Regina
LEGORRETA;
Chávez & Vigil Arquitectos
(colaboración / collaboration)
1994–1995

A pesar de formar parte del campus de la UANL, esta biblioteca se encuentra dos manzanas hacia el sur, en el parque Niños Héroes. Está situada entre un lago y un velódromo, y cuidadosamente diseñada para integrarse en este contexto. Además de ser parte del sistema de bibliotecas de la UANL, ofrece también espacios culturales para diferentes eventos y exposiciones. Su monumental estructura geométrica de ocho plantas y más de 20.000 m² fue construida en hormigón armado y ladrillo, en solo dieciocho meses. Esta es la primera biblioteca de Legorreta y tanto la geometría como sus interiores coinciden con su lenguaje arquitectónico. Los principales volúmenes son un cubo rodeado por un cilindro, que recuerdan —aunque a la inversa— a la biblioteca de Estocolmo de Erik Gunnar Asplund. El volumen cúbico pertenece a la colección de libros, y el cilíndrico es el área de lectura. Este último se abre para crear la entrada, formando dos taludes inclinados, uno de los cuales se introduce en el lago. El arquitecto repite este gesto en la Biblioteca Central de San Antonio, Texas.

> *UANL University Library* **Despite being part of the UANL campus, this library is in the Parque Niños Heroes, a park two blocks to the south. It is between a lake and a cycling stadium and was carefully designed to blend in with its surroundings. Besides being part of the UANL library system, it also offers cultural spaces for various events and exhibitions. Its monumental geometrical structure, offering over 20,000 square metres on eight levels, was built with reinforced concrete and brick in just 18 months. This is Legorreta's first library, and its geometry and interiors match his architectural language. A cube surrounded by a cylinder is the main element of this design, reminding us of Erik Gunnar Asplund's Stockholm Library but in reverse. The cube is where the books are located, and the cylinder houses the reading areas. The cylinder opens out to make room for the entrance. The sides are two triangles that slope down, and one of them slopes into the lake. The architect reused this sloping element in the San Antonio Central Library in Texas.**

Mural de la Facultad de Ciencias Químicas UANL
Mural of the Faculty of Chemical Sciences UANL

Ciudad Universitaria UANL

Pedro de Alba s/n.,
San Nicolás de los Garza
Pedro Ramírez
(plan maestro/masterplan)
1958–1963

Este campus se encuentra en un terreno de casi 100 hectáreas, que durante un tiempo formó parte de la ciudad militar de Monterrey. Es el resultado de la colaboración entre el gobernador Raúl Rangel Frías y un comité de empresarios locales. El plan maestro propone, siguiendo los principios del urbanismo moderno, una *supermanzana* con grandes edificios. El predio es un polígono de forma irregular, con instalaciones deportivas al norte y un estadio al sur. Las aulas, edificios administrativos y bibliotecas —diseñados por diferentes arquitectos— fueron construidos en el centro, bordeando calles y avenidas con estacionamientos. El primer edificio, la Facultad de Derecho, fue construido en 1958 y el último, la Facultad de Filosofía y Letras, en 1963. Los edificios más importantes son el edificio de rectoría y una biblioteca dedicada a Alfonso Reyes, la Capilla Alfonsina. Los edificios originales tienen soluciones modernas, con ventanas corridas, pilotis y lamas verticales. Tienen también influencia de la Ciudad Universitaria, en Ciudad de México, por sus murales y relieves llenos de narrativas y simbolismos. Lamentablemente, algunos de estos edificios —entre ellos la rectoría— han sufrido grandes transformaciones.

> *Ciudad Universitaria UANL* **This campus is situated on a site measuring almost 100 hectares, which was once part of Monterrey's military base. The campus was built as the result of a collaboration between the governor Raúl Rangel Frías and a committee of local entrepreneurs. The masterplan was designed as a mega block with mega buildings based on the principles of modern urbanism. The layout has the form of an irregular polygon, with sports facilities to the north and the stadium to the south. The lecture halls, administrative buildings, and libraries, all designed by different architects, were built in the middle, bordering a road with parking spaces. The first building, the School of Law, was erected in 1958, and the last, the School of Philosophy and Literature, was built in 1963. The most important buildings include the vice chancellor's building and the Capilla Alfonsina Library, which is dedicated to Alfonso Reyes. The original buildings have modern features such as elongated windows, pilotis, and brise soleils. The campus also shows the influence of Ciudad Universitaria in Mexico City, with its murals and bas-reliefs that depict narratives full of symbolism. Unfortunately, some of these buildings, including the vice chancellor's building, have suffered alterations.**

Fachada y detalle del mural de la
Facultad de Ingeniería Civil UANL
*Façade and mural of the UANL
School of Civil Engineering*

072 C

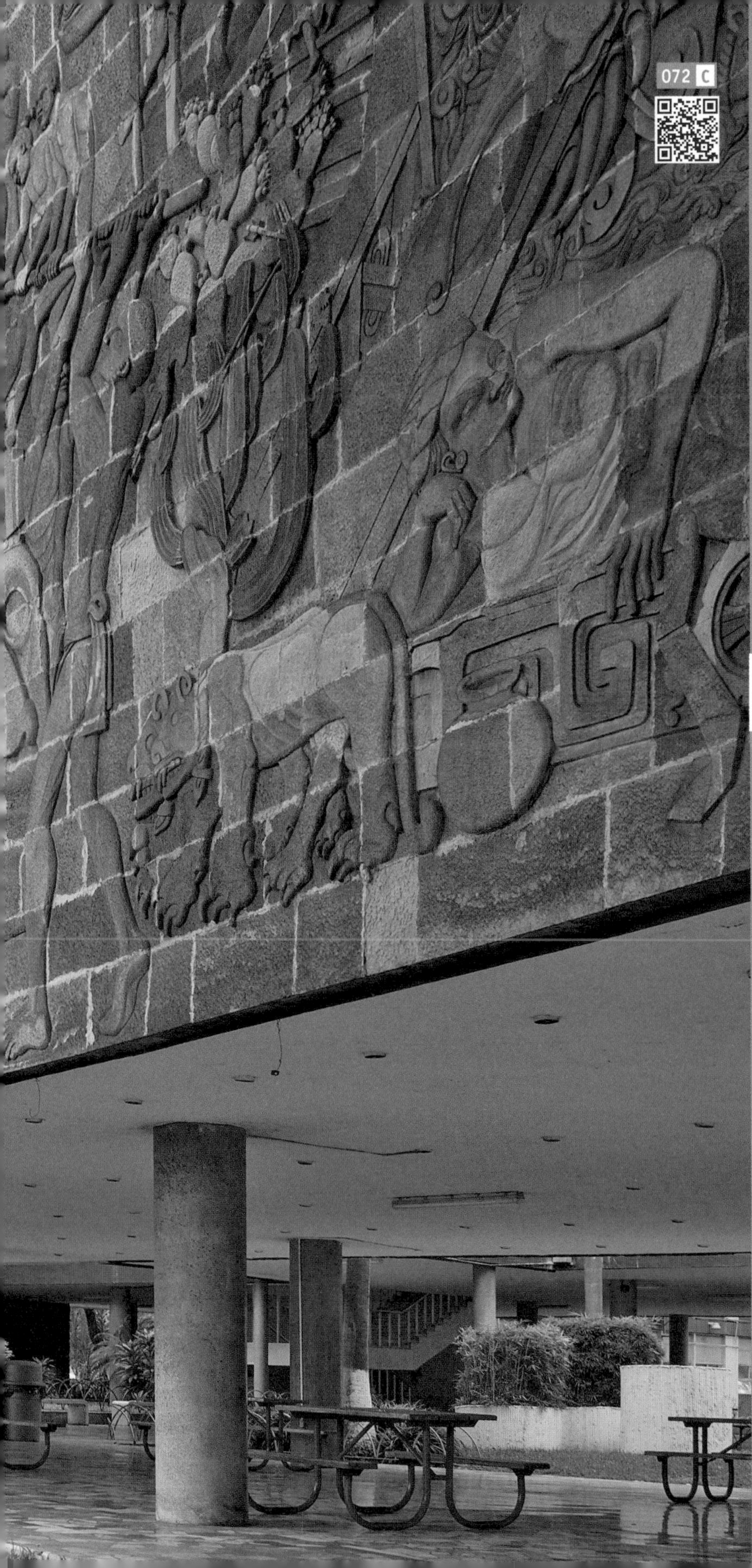

Vista panorámica de la UANL, con el estadio al fondo y la rectoría delante de él
Panoramic view of the UANL with the vice chancellor's building and stadium

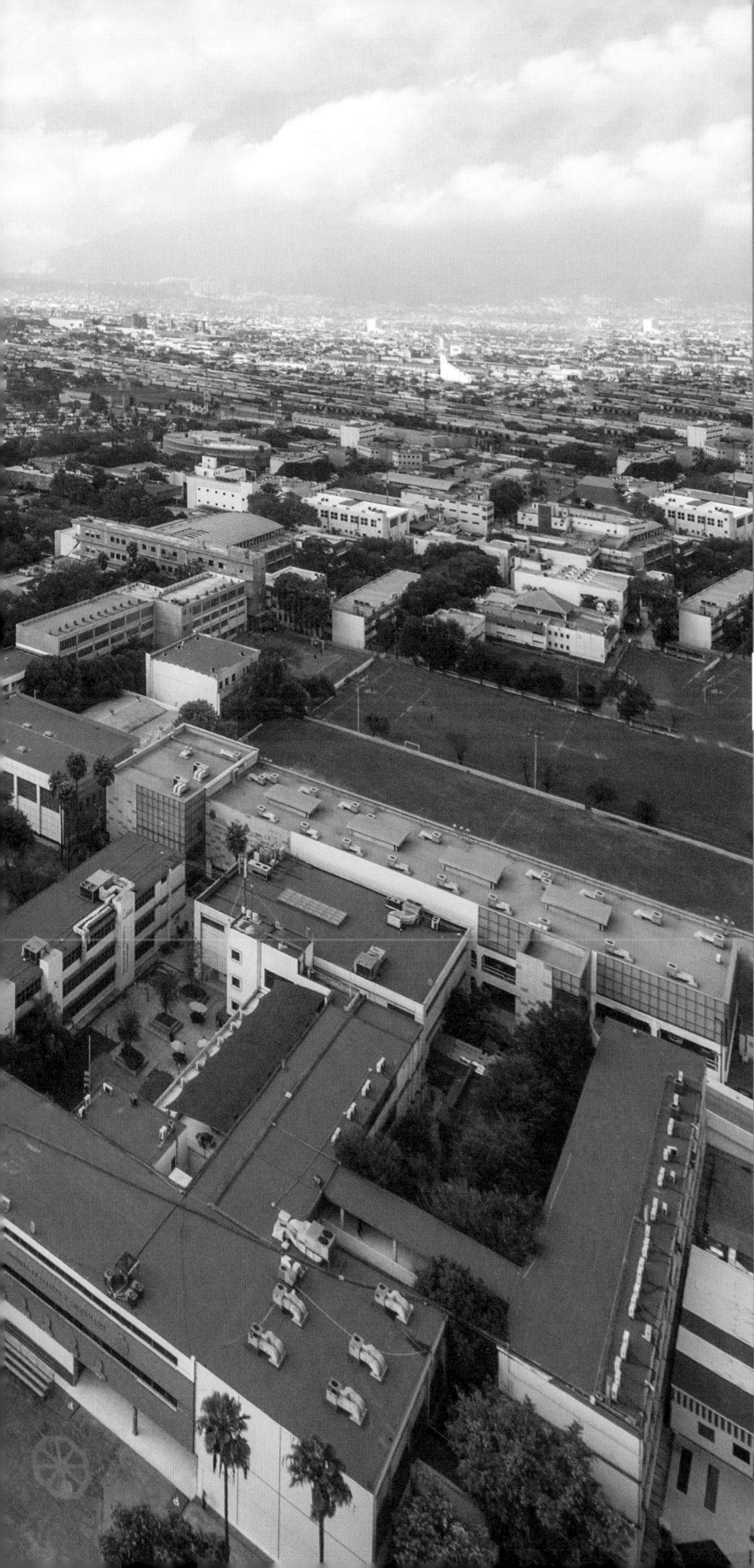

Parroquia de San José Obrero
Titán 98, Colonia Cuauhtémoc,
San Nicolás de los Garza
Enrique de la Mora, Félix Candela
1959

073 C

Esta moderna iglesia fue creada como lugar de culto para los trabajadores de dos empresas importantes, la cervecería Cuauhtémoc y la Hylsa. Se encuentra en la colonia Cuauhtémoc y tiene un amplio atrio que da la bienvenida a los feligreses.

Fue financiada por Roberto Garza Sada, quien contrató a estos arquitectos para diseñar una iglesia con una forma inspirada en las alas de la cofia de una monja. Su construcción, un cascarón de hormigón, fue posible gracias al trabajo de la empresa Cubiertas Ala del Norte, afiliada a la empresa de Félix Candela en Ciudad de México, con la colaboración de Fernando y Javier García Narro. La planta romboidal tiene 55 m en su tramo más largo y 30 m en el más corto. La estructura —dos paraboloides hiperbólicos apoyados en vigas de borde, con cables laterales de tensión enterrados en la cimentación— permite una disposición abierta en el interior de la iglesia. Estas vigas laterales están colocadas en el tramo corto de la iglesia y alcanzan una altura de 22 m. El tramo largo de la cubierta está suspendido, creando un perímetro abierto donde se colocaron vitrales en tonos ocres. Su carácter es sobrio y moderno, siguiendo las directrices del Concilio Vaticano II.

> **Parroquia de San José Obrero** This modernist church was created as the place of worship for the workers of two important companies: the Cuauhtémoc Brewery and Hylsa. The church has a wide, welcoming atrium and is located in the Cuauhtémoc neighbourhood. The building was sponsored by Roberto Garza Sada, who hired the architects to design an innovative church with this memorable design based on the wings of a nun's cap. The firm Cubiertas Ala del Norte worked together with Candela's firm in Mexico City and with Fernando and Javier García Narro to carry out the concrete shell construction. The church has a rhombus-shaped floor plan; the longer and shorter diagonals are 55 metres and 30 metres long, respectively. The building's design, which gives the church its open floor plan, is based on two adjacent saddle-shaped structures. These concrete shells are supported by two edge beams that have lateral tension cables buried in the foundation. These beams reach a height of 22 metres along the shorter diagonal of the church. The wider section of the roof is suspended like wings, leaving room for the ochre-coloured stained-glass windows along the open perimeter. The church is sober and rational, in line with the guidelines of the Second Vatican Council.

C

Vista de los vitrales en el interior de la Parroquia de San José Obrero,
ubicados bajo la estructura de cascarón de hormigón
View of the stained glass windows inside the Parroquia de San José Obrero,
located under the concrete shell structure

073 **C**

**Macrocentro Comunitario,
Cultural y Deportivo
de San Bernabé**
Prolongación Aztlán,
San Bernabé VIII Sector
Pich-Aguilera Architects
2014

074 C

Este centro comunitario, situado en el noroeste de Monterrey, responde a la retícula del barrio mediante la creación de una calle peatonal central como eje principal de su distribución. Cuatro plazas y un total de 15 edificios se alinean a lo largo de esta calle. La primera plaza da la bienvenida a los visitantes con una serie de grandes pérgolas, con luces de hasta 21 m. Siguiendo la calle se llega a la segunda plaza, también cubierta por estas grandes estructuras, que actúa como un mercado rodeado de tiendas comerciales. La tercera plaza está abierta y sombreada por árboles, y sirve como entrada al gimnasio, un espacio cerrado con tragaluces en su cubierta. La cuarta plaza está dedicada a las artes y rodeada por diversos talleres y una ludoteca. Esta también está definida por pérgolas y se abre a las canchas deportivas. Este centro comunitario simula un pueblo con pequeños edificios aislados, todo acabado en un tono vernáculo ocre claro. Los volúmenes tienen

C

pequeñas ventanas, que perforan las fachadas este y oeste, y otras ventanas más altas hacia el norte, sobre todo en los edificios de talleres, para permitir una mejor iluminación de los espacios.

> *San Bernabé Comunity Centre* This community centre, located in the northwest of Monterrey, reflects the grid pattern of the neighbourhood it is in. A central pedestrian street serves as the main axis of the community centre's layout. Four plazas – which have a total of 15 buildings – are arranged along this street. The first plaza is characterised by a huge pergola that spans across 21 metres, welcoming visitors into the complex. As the street unfolds, the second plaza, also with a huge pergola, serves as a market surrounded by commercial shops. The third plaza is open, shaded only by trees, serving as the entrance to the gym that mimics the huge pergolas, but as a confined space with skylights. The fourth and final plaza is dedicated to the arts and is surrounded by various workshops and a playroom. This last plaza also has a striking perogla and opens out into various sports courts. This community centre simulates a village with small buildings and huge pergolas all in a vernacular, light ochre colour. The buildings have small punched windows on the east and west façades and high windows to the north, particularly in the workshops.

San Pedro: el nuevo centro de negocios y la expansión al sudoeste

San Pedro: New Business Centre and Southwest Expansion

D

D

15 de Mayo

5 de Mayo

Mariano Matamoros

Calle Padre Mier

Miguel Hidalgo

Miguel Hidalgo

Degollado Sur

20 de Noviembre

Constitución

Av. Ignacio Morones Prieto

Río Santa Catarina

Loma Redonda

Priv. Martín de Zavala

Martín de Zavala

América

Loma Grande

Loma Bonita

Loma Alta

Castelar

Serafín Peña

Francisco Zarco

Occidente

Tepeyac

MONTERREY

Av. Parte Aguas

*Loma
Larga*

San Alberto Ote.

Montes Carpatos

Sierra Leona

Montes Urales

Río Necaxa

Montes Rocallosos

Río Nazas

Av. José Vasconcelos

Montes

Apalaches

Montes Himalaya

San Agustín

Hoyo 1

Hoyo 9

Los Soles

Lázaro Cárdenas

079

080

082

081

Batallón San Patricio

Av. Real San Agustín

Lampazos

*Club Campestre
de Monterrey*

078

075

077

076

Av. Campestre

La Hacienda

Av. Eugenio Garza Lagüera

San Pedro: el nuevo centro de negocios y la expansión al sudoeste

Las tierras agrícolas de la pequeña villa de San Pedro Garza García se transformaron durante los años cincuenta en un importante suburbio de Monterrey. En la actualidad, San Pedro es el centro empresarial y financiero de la ciudad. El tradicional distrito central de negocios se trasladó a esta zona, lo que generó un gran crecimiento. Este enorme desarrollo urbano y económico se basa principalmente en actividades comerciales e inversiones inmobiliarias, que han contribuido a la transformación de este municipio en uno de los más ricos del país. Su crecimiento se ha producido al sur, hacia las faldas de la Sierra Madre; al este, en la zona conocida como Valle Oriente y al oeste, hacia el municipio vecino de Santa Catarina. Aquí se encuentran los lugares más modernos y exclusivos para vivir, ir de compras, comer e invertir, así como los mejores hospitales y complejos residenciales más caros, diseñados por famosos arquitectos internacionales.

083 Saqqara Residences

082 Torre Avalanz

081 Hospital Zambrano Hellion

Vista panorámica de San Pedro/ *Panoramic view of San Pedro*

San Pedro: New Business Centre and Southwest Expansion

The agricultural land in the small village of San Pedro Garza García was transformed into an important suburb of Monterrey in the 1950s. More than 50 years later, San Pedro is now the city's business and financial centre. The Central de Negocios (central business district) has moved to this area, which has generated enormous growth. Its rapid urban and economic development relies mainly on commercial and real-estate investments, which help make this municipality one of the wealthiest areas in the country. Its growth has extended in three directions: to the south to the foothills of the Sierra Madre, to the east to the Valle Oriente area, and to the west to Santa Catarina, a neighbouring municipality. Here you can find the trendiest and most exclusive places to live, shop, eat, and invest, along with the best hospitals and most expensive housing developments designed by celebrated international architects.

080   Hotel Camino Real

Torre KOI
David Alfaro Siqueiros 106,
Colonia Valle Oriente,
San Pedro Garza García
HOK (plan maestro/masterplan);
V&FO (arquitectura/architecture);
Thornton Tomasetti, Stark+Ortiz
(ingeniería/structural engineers)
2013–2017

075 D

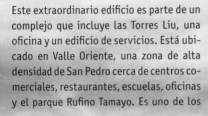

Este extraordinario edificio es parte de un complejo que incluye las Torres Liu, una oficina y un edificio de servicios. Está ubicado en Valle Oriente, una zona de alta densidad de San Pedro cerca de centros comerciales, restaurantes, escuelas, oficinas y el parque Rufino Tamayo. Es uno de los rascacielos más altos de Latinoamérica, con casi 280 m de altura, 64 pisos y 7 niveles subterráneos. Es un edificio de uso mixto, con 27 pisos de oficinas corporativas y 37 plantas de viviendas con 218 apartamentos y 18 áticos que van desde los 130 a los 832 m². En el piso 22 se encuentran salones privados, bar, gimnasio, sauna, solárium, jacuzzi y una piscina semiolímpica. La forma de este rascacielos responde a los usos: se retranquea cuando cambia de oficinas a apartamentos, y de apartamentos a áticos. La superficie exterior está cubierta con vidrio de alta eficiencia energética y, a pesar de su tamaño, este edificio pretende recibir la certificación LEED de plata por el uso eficiente

de agua y electricidad. El proceso de construcción también logró un gran reconocimiento, por el colado continuo que duró 52 horas, llegando a verter un volumen de 8.500 m³ de hormigón.

> *KOI Tower* This extraordinary building is part of a complex that includes the Liu Towers – one mixed-use and one amenities building. The KOI Tower is in Valle Oriente, a high-density area in San Pedro that is close to shopping centres, restaurants, schools, offices, and Rufino Tamayo Park. This skyscraper is one of the tallest buildings in Latin America, being almost 280 metres tall, with 64 storeys and seven underground levels. It is a mixed-use building with 27 floors for offices and 37 floors that house 218 luxury apartments

and 18 penthouses which range in size from 130 square metres to 832 square metres. The building has amenities on the 22nd floor, including private lounges, a bar, a gym, a sauna, a solarium, a jacuzzi, and a semi-olympic infinity pool. The form of the skyscraper reflects the distribution of its functions: it recedes where the office spaces become apartments, and again where the apartments become penthouses. The surface is covered with high-efficiency glass, and despite its enormity, the building aims to receive a silver LEED certification for its efficient use of electricity and water. The construction process also received great recognition for the feat of continuously pouring 8,500 cubic metres of concrete over the course of 52 hours.

EGADE, Escuela de Negocios, Tecnológico de Monterrey

076 D

Eugenio Garza Lagüera /
Rufino Tamayo,
Colonia Valle Oriente,
San Pedro Garza García
LEGORRETA,
Harari Landscape Architecture
2001

Esta escuela forma parte de un complejo de instalaciones en Valle Oriente, una parte densamente poblada de San Pedro. Se propuso como la Escuela de Postgrado en Administración del Tec de Monterrey, fuera de su campus principal. El edificio está inspirado en la forma espiral de la concha del nautilo, su curva se acomoda en una esquina de la manzana. Se asienta sobre una plataforma de dos pisos con un paisajismo singular, bajo la cual se encuentra el estacionamiento. La entrada está ubicada en la parte abierta de la espiral, en una plaza que conduce a un atrio interior de doble altura, originalmente proyectado como espacio de exposiciones y actualmente cafetería. Los tres pisos contienen: un auditorio —en la planta baja, cerca de la entrada—, la biblioteca en el primer piso, con vista a la cafetería, y aulas en ambas plantas. En el segundo piso se encuentran las oficinas de administración y de los profesores. Esta forma genera una imagen icónica, reforzada por el color rojizo de su exterior, las ventanas distintivas de su autor y la torre de base triangular situada en el centro.

> *EGADE Business School* This school is part of a complex of postgraduate facilities in Valle Oriente, a densely populated area in San Pedro. It was proposed as the postgraduate administration school of Tec de Monterrey, outside its main campus. The layout of the building was inspired by the spiral shape of the nautilus shell, and its curve fits in the corner of the block. The building sits on a two-storey platform with a distinctive landscape design. Below the platform is the car park. The entrance is in the open part of the spiral, which features an open plaza that leads to an interior double-height atrium in the centre of the spiral. The atrium was once an exhibition space but was later turned into the cafeteria. Its three storeys house an auditorium on the ground floor near the entrance, classrooms on the first two floors, and the library on the first floor overlooking the cafeteria. The second floor is reserved for the administration offices and the professors' offices. The building's unique form generates an iconic image that is reinforced by the reddish color of the exterior, the distinctive windows, and the triangular-base tower placed in the centre of the spiral.

EGAP, Escuela de Gobierno y Transformación Pública, Tecnológico de Monterrey

077 D

Eugenio Garza Lagüera /
José Clemente Orozco,
Colonia Valle Oriente,
San Pedro Garza García
LEGORRETA
2007

Esta escuela está ubicada cerca de la importante avenida Lázaro Cárdenas, rodeada por torres de oficinas y apartamentos frente al parque Rufino Tamayo. Sus 15.000 m² se distribuyen en una torre de ocho pisos, sobre una plataforma de tres plantas de estacionamientos, compartidos con el edificio EGADE. Su volumetría es una combinación geométrica. El cuerpo principal es una torre prismática de base cuadrada, con su fachada norte curvada. Este volumen está interrumpido en su lado este, dejando al descubierto el núcleo central de servicio, que es un nivel más alto. La superficie, de color ocre, está perforada por pequeñas ventanas cuadradas. Las fachadas norte y oeste tienen unas profundas hendiduras, que han sido pintadas en un tono morado intenso. Este edificio, junto con la EGADE —construida seis años antes—, forma parte del conjunto de escuelas de postgrado del TEC. Fue diseñado por el mismo arquitecto, con características similares tanto en la forma como en la paleta de colores.

> *EGAP School of Public Administration*
This building is located near a major avenue, Lázaro Cárdenas, surrounded by office and apartment buildings and facing Rufino Tamayo Park. Its floor area of 15,000 square metres is distributed in an eight-storey tower that sits on a three-storey parking platform shared with the EGADE building. The building's form is based on a combination of geometric shapes. It is predominately a square-based prism tower with its north side curving into a cylinder. The east side appears to be incomplete, exposing its central service core, one level higher. The ochre-coloured surface is perforated with small square windows. Its north and west façades have a deeply carved-out section that has been painted in a strong purple colour. This building is part of TEC's postgraduate school compound shared with EGADE, built six years earlier. It was designed by the same architect, who drew on similar formal features and colour schemes.

D

Magma Towers
Circuito Frida Kahlo /
Rufino Tamayo,
Colonia Valle Oriente,
San Pedro Garza García
*GLR Arquitectos; Esrawe Studio
(interiorismo/interior design);
Harari Landscape Architecture*
2011–2013

Estas torres son unos atractivos edificios de uso mixto situados en Valle Oriente. Tienen una superficie total de 38.000 m². Un volumen horizontal de dos pisos, con una gran variedad de tiendas y restaurantes, sirve como plataforma de los edificios residenciales y de entrada al aparcamiento subterráneo. Las torres ofrecen viviendas de varias tipologías: *lofts* de doble altura, áticos y apartamentos típicos que van desde los 66 a los 197 m². Las torres parecen ser del mismo tamaño, pero una es cuatro pisos más alta. Las instalaciones se encuentran en la parte superior de la plataforma y el primer piso de las torres tiene un gimnasio, un bar, salas de estar y una piscina. La distribución de los apartamentos, con un sistema tipo *Tetris*, da a las torres sus distintivas fachadas. Tiene una estructura de hormigón armado con fachadas ventiladas suspendidas, que contribuyen al diseño formal y mejoran la eficiencia energética. A pesar del carácter monolítico de las torres

—debido principalmente a su acabado oscuro—, el diseño aleatorio de ventanas y balcones aporta un ritmo único, que las distingue de la gran cantidad de edificios altos surgidos en la zona.

> *Magma Towers These towers are contemporary, mixed-use buildings with a floor area of 38,000 square metres, located in Valle Oriente. A horizontal, two-storey commercial block serves as a platform for the two residential towers and houses underground parking spaces and a variety of shops and restaurants. The two towers offer a wide range of apartment typologies, from double-height lofts and penthouses to typical apartments, ranging in size from 66 to 197 square metres. The towers appear to be identical, but one is four storeys taller. The amenities are located on the top of the platform and the first floors of the towers and include a gym, bar, swimming pool, and lounge areas. The interior dwellings were arranged in a Tetris-like manner, which in turn gives the façades their distinctive form and appeal. The structure is made of reinforced concrete with a suspended ventilated façade system that makes the towers more sustainable and serves as the basis for the formal design. So, although the dark finish gives each tower a monolithic character, the design of the windows and balconies gives it a rhythmical sense of dynamism that can be easily identified in spite of the growing number of high-rise buildings in this area.*

Condominio Los Soles
Casolar 2303,
Zona Loma Larga Oriente,
San Pedro Garza García
Fernando Garza
1982

079 D

Este edificio privado fue construido a finales de 1970 para ofrecer espacio de oficinas en régimen de condominio. Se encuentra en lo que entonces era un área despoblada de Valle Oriente. En lugar de un formato vertical, se optó por un diseño horizontal que ocupaba una mayor superficie, dando así respuesta a su ubicación en la Loma Larga. El diseño sigue un estilo tardomoderno, grandioso y monumental, donde la exageración en el tamaño y los espacios es parte del concepto. La fachada de los 22.000 m² de oficinas y servicios alterna bandas paralelas de vidrio y de piedra, interrumpidas por dos atrios verticales de cristal donde se encuentran el ascensor y las escaleras. Estos sirven también de entrada a las zonas comunes de circulación que recorren cada uno de los pisos. Una de las características principales de esta construcción es la enorme estructura de acero que soporta dos pisos suspendidos sobre una terraza en el cuarto y quinto piso. Lamentablemente, este edificio se ha visto eclipsado por sus nuevos y grandes vecinos, que han convertido esta zona de San Pedro en una de rascacielos de gran densidad. Sin lugar a dudas, fue la construcción del condominio Los Soles la que activó esta tendencia en la zona.

> Condominio Los Soles This office building, containing individually owned offices, was offered as part of a condominium concept in the late 1970s. It is located in Valle Oriente, which was empty at the time. The architects opted for a horizontal layout rather than a vertical one, in response to the building's location on the Loma Larga hill. The design has the monumentality and grandiosity typical of late modernist architecture, and its exaggerated size and sense of space are part of the main concept. It offers 22,000 square metres of office and service spaces, which are arranged into zigzagging, horizontal, parallel bands of glass and stone that are interrupted by vertical glass atriums housing the elevator and staircases. These atriums also serve as the entrances that lead to horizontal circulation paths that run along each floor. One of the building's main features is an enormous steel structure that carries two floors suspended over an open terrace on the fourth and fifth floors. Unfortunately, this building has been overshadowed by its new, towering neighbours; this area of San Pedro now has a high density of skyscrapers. However, its construction was, without a doubt, the catalyst that set off the trend of erecting high-rise towers.

D

Hotel Camino Real
Diego Rivera 2492,
Colonia Valle Oriente,
San Pedro Garza García
LEGORRETA
2007

080 D

Este lujoso hotel ubicado en San Pedro responde a los edificios de gran altura de sus alrededores. Su autor, el arquitecto Ricardo Legorreta, afirma que este hotel es similar al hotel Camino Real en Ciudad de México, pero en un formato vertical. Tiene 43.000 m² de habitaciones, suites, restaurantes, bares, piscina y salas de convenciones. Su volumen es un imponente prisma rectangular asentado en una plataforma que sirve de entrada y conduce a un vestíbulo de cuatro alturas, centro del esquema de su diseño. El exterior, de color terracota y con una serie de ventanas perforadas, contrasta con el intenso tono púrpura de la abertura en la fachada este. Los interiores son muy espaciosos y están recubiertos de mármol, ónix y madera con patrones geométricos. Los muebles y la decoración fueron diseñados también por la oficina LEGORRETA, quienes ganaron en 2007 el Premio Nacional de Interiorismo con este proyecto.

> *Hotel Camino Real This luxury hotel, located in San Pedro, responds to its surrounding high-rise buildings. The architect, Ricardo Legorreta, claims that this hotel is like the Camino Real in Mexico City, but in a vertical form. It offers a floor area of 43,000 square metres, with hotel rooms, suites, restaurants, bars, a swimming pool, and convention halls. The structure is based on an imposing rectangular prism that sits on a platform, which in turn serves as the entrance and leads to a central, four-storey atrium lobby. The terracotta exterior features punched windows and contrasts with the strong purple shade of the enormous opening on the eastern façade. The interiors are lofty, covered with marble, onyx, and wood in geometric patterns. The same architecture firm designed the furniture and all of the décor and won the National Prize of Interior Design in 2007 for this project.*

Hospital Zambrano Hellion

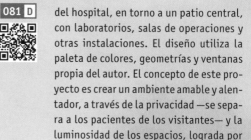

Batallón de San Patricio 112,
Real de San Agustín,
San Pedro Garza García
LEGORRETA,
Alejandro Mendlovic Arquitectos;
Harari Landscape Architecture
2011

Este vanguardista hospital se ha convertido en uno de los más importantes centros hospitalarios de Latinoamérica. Situado en Valle Oriente, una zona altamente desarrollada de San Pedro, este centro de investigación y rehabilitación está compuesto por un hospital, una clínica, un centro médico, laboratorios y una escuela de medicina, todo en un complejo de 140.000 m². Su diseño consiste en una serie de volúmenes que corresponden a su función, todos comunicados a través de un eje central, el corazón del proyecto. Al norte se encuentran dos volúmenes de 6 pisos dedicados a investigación y rehabilitación, así como la escuela de medicina. La torre central de 15 pisos alberga el centro médico y los consultorios. En la zona sur están las habitaciones

del hospital, en torno a un patio central, con laboratorios, salas de operaciones y otras instalaciones. El diseño utiliza la paleta de colores, geometrías y ventanas propia del autor. El concepto de este proyecto es crear un ambiente amable y alentador, a través de la privacidad —se separa a los pacientes de los visitantes— y la luminosidad de los espacios, lograda por una serie de patios en los que el paisajismo juega un papel especial.

> *Hospital Zambrano Hellion This state-of-the-art hospital has become one the most important hospital centres in Latin America. Located in Valle Oriente, a highly developed area of San Pedro, this research and rehabilitation centre consists of a hospital, clinic, medical centre, laboratories, and medical school, all within a masterplan measuring 140,000 square metres. Its complex layout comprises a series of volumes, each of which corresponds to its specific function. These volumes are linked by a central axis that is in the heart of the ensemble. To the north are two six-storey volumes that house examinations rooms, rehabilitation areas, and a medical school. The 15-storey central tower houses the medical*

Salida / Exit

centre and doctors' offices. On the south side are the hospital wards along with laboratories, operating rooms, and other facilities, surrounding a central courtyard. The design responds to the architect's colour palette, geometries, and punched windows. The concept of this building project was to create a kind and uplifting atmosphere by providing privacy and illumination. Privacy is created by separating patients from visitors and the illumination is given by various patios, where the landscape designers played a special role.

**Torre Avalanz
(antigua Torre Dataflux)**
Batallón de San Patricio 109,
Real de San Agustín,
San Pedro Garza García
Landa Arquitectos, García Arquitectos
1998–2000

082 D

La Torre Avalanz está ubicada en Valle Oriente. Fue durante diez años el edificio más alto de la ciudad, con sus 43 pisos y 167 m de altura. Los núcleos de hormigón situados en los extremos —que albergan los ascensores, las escaleras y servicios— soportan tres puentes con armadura de acero a través de un sistema de suspensión. Los pisos, agrupados en tres bloques, cuelgan de los puentes con cables postensados. Los dos primeros grupos de pisos son espacios de oficinas y el último grupo, apartamentos. El edificio se asienta sobre una plataforma con cuatro niveles de estacionamientos subterráneos, una gran plaza que conduce al vestíbulo principal, una fuente y dos restaurantes. Su diseño es altamente funcional, pero también estéticamente agradable. La forma es muy peculiar, debido a los puentes con armadura de acero, los núcleos de hormigón blanco y el muro cortina de tono oscuro. Pero la principal singularidad

de este edificio es su forma similar a la de una botella, donde la parte superior es más estrecha que la inferior. Es considerado uno de los primeros «edificios inteligentes» de Monterrey.

> *Torre Avalanz* This tower, previously known as Torre Dataflux, is in Valle Oriente, a rapidly growing financial and commercial area in San Pedro. The 167-metre-tall 43-storey structure was the tallest building in the city for 10 years. It is held together by a suspension system: two concrete cores, which house elevators, staircases, and equipment, frame the building on both sides and support three steel truss bridges. The floors are grouped into three sections, and each section hangs from a truss bridge by post-tension cables. The first two sections house office spaces, and the last section houses apartments. The building sits on a platform with four levels of underground parking, a large plaza, a fountain, and two restaurants that lead to the main lobby. Its design was meant to be both functional and formally pleasing. Its shape is very distinctive due to the steel trusses, its white concrete cores, and dark glass curtain wall. But what makes it idiosyncratic is the unusual way it becomes narrower at the top like a bottle. It is considered one of the first 'intelligent' buildings in Monterrey.

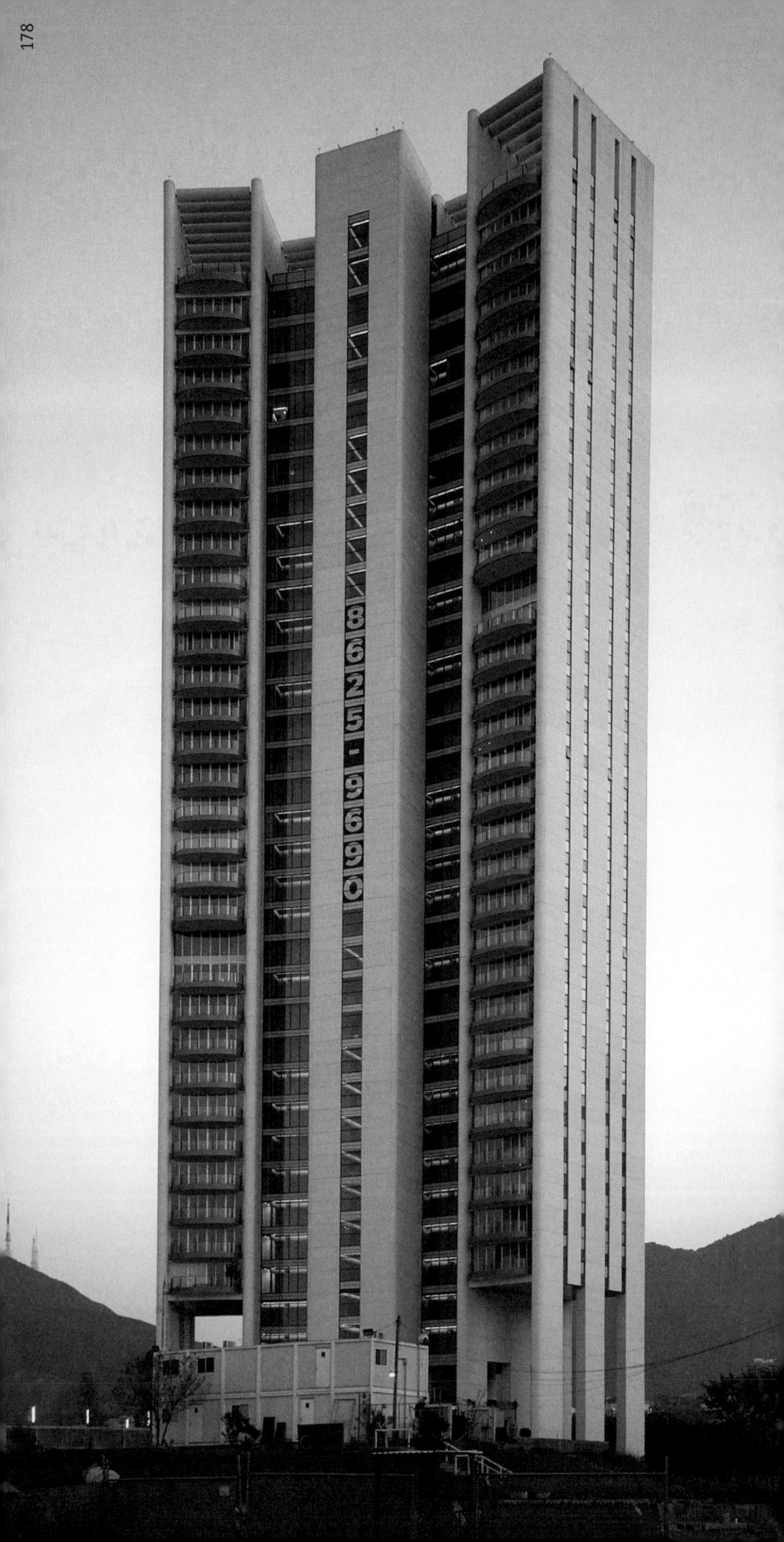

Saqqara Residences
José Vasconcelos 154,
Valle del Campestre,
Colonia Santa Engracia,
San Pedro Garza García
Foster+Partners
2011–2016

083 D

Este lujoso complejo de alta densidad fue diseñado por Foster+Partners, e incorpora de manera sostenible zonas de vivienda, trabajo y ocio, aspirando así a crear un innovador estilo de vida. Está en la zona financiera de San Pedro, entre una transitada avenida y las zonas verdes de un club de campo privado. Cuenta con dos torres de apartamentos de 35 pisos —con 5 apartamentos por piso y fachadas orientadas a norte y sur— elevadas sobre una zona verde que se prolonga hasta el campo de golf. El núcleo de acceso está ubicado en el lado norte. El edificio parte de un concepto de «viviendas en el cielo»: las plantas residenciales están elevadas cinco alturas sobre el parque mediante el uso de pilotes. Casi todas las habitaciones dan al sur y algunas a ambos lados. La verticalidad de la estructura de hormigón está bien marcada en fachada, además de las bandas horizontales translúcidas que corresponden a los apartamentos con sus prominentes terrazas. La zona de oficinas está al norte y consta de cuatro edificios de vidrio de 11 pisos también elevados,

con tiendas y cafeterías en la parte inferior conectadas con los jardines y servicios de las torres. La primera fase de este complejo está terminada y consta de un edificio de cada tipología.

> *Saqqara Residences* This high-density luxury complex by Foster + Partners aims to facilitate an innovative lifestyle by combining living, working, and leisure in a sustainable manner. It is in San Pedro, with a busy avenue to the north and green areas belonging to a private country club to the south. There are two 35-storey apartment buildings, suspended over a green open space that leads the grounds of the golf course. The apartments promote the concept of 'houses in the sky'. Five apartments with north- and south-facing façades fan out on each floor. The apartments are supported and raised by stilts and are arranged around a central north-facing tower. Almost every room faces south and some face both north and south. Formally, they respond to the solid, vertical concrete structure and to the horizontal translucent bands of the apartments, which have spacious terraces that bulge out of each façade. The office areas, located to the north on the main avenue, consist of four 11-storey glass buildings that are also raised by stilts. Here there are also shops and cafés on the bottom that connect to the open landscape and amenities of the towers. The first construction phase of this complex is complete; one apartment tower and one office building have been built.

Edificio Torre Alta

Avenida del Roble 300,
Valle del Campestre,
San Pedro Garza García
Arquiplan, José Garza
1984

Situado en la transitada avenida Manuel Gómez Morín, este edificio fue un ejemplo de emprendimiento durante los años ochenta. Fue el edificio más alto de esta zona, con casi 30.000 m² de construcción en un predio de 5.500 m², de ahí su nombre, Torre Alta. Presenta un moderno esquema que combina oficinas privadas con un restaurante y una discoteca. Su aspecto tiene un fuerte carácter abstracto, y consiste en dos prismas de base triangular unidos por una plaza abierta. El volumen de mayor tamaño es una torre de 15 pisos, con una superficie total de 16.700 m² repartida entre 84 oficinas y tres niveles de estacionamiento subterráneo. Está recubierta en su totalidad por una fachada de vidrio polarizado. Contrasta con el otro prisma, de solamente dos pisos de altura y acabado de hormigón gris a la vista, que contiene el restaurante y la discoteca. Este conjunto es un paradigma de la arquitectura tardomoderna, por la forma de acentuar la verticalidad —mediante la colocación de la entrada en la arista del prisma— y por el acabado translúcido de su superficie.

Este complejo crea además un pequeño espacio urbano, una plaza con una estructura tridimensional roja de acero, como una cubierta de alta tecnología.

> *Torre Alta Building* Located on the busy Gómez Morín Avenue, this building was an example of entrepreneurship in the 1980s. It was one of the tallest buildings in this area, which explains its name, 'Torre Alta', which translates to 'high tower'. The building has an area of almost 30,000 square metres on a 5,500-square-metre site. It was presented as an up-to-date scheme of individually owned offices combined with a restaurant and nightclub. Its formal layout is highly abstract and entails two triangular bases joined by an open plaza. Its main feature is a 15-storey tower in the form of a triangular prism, completely covered in polarised glass. This tower offers 16,700 square metres of office space divided into 84 offices and three levels of underground parking. It contrasts with the other prism, which is only two storeys high and has a raw grey concrete finish. This smaller prism houses the restaurant and the nightclub. The Torre Alta is a paradigm of late-modernist architecture in the way it emphasises its verticality with the entrance placed in an acute corner of the prism and with the slick transparent finish on the entire volume. It also offers an urban space or plaza with a red three-dimensional steel structure as a high-tech canopy.

Edificio High Park

085 D

Manuel Gómez Morín 922,
San Pedro Garza García
Rojkind Arquitectos
2011–2015

Este lujoso proyecto de 35.000 m² de superficie y de uso mixto está situado en una transitada avenida comercial de San Pedro, bajo la impresionante Sierra Madre. Es un complejo de diez pisos de altura, con cuatro niveles de estacionamiento subterráneo, seguidos de la planta baja y el primer piso de locales comerciales y ocho niveles de apartamentos de lujo. Su diseño consiste en un volumen irregular en forma de «L» que se abre hacia el sur para crear una plaza de acceso. Esta conecta el área comercial con la entrada de los residentes, potenciando así las relaciones vecinales. Debido a este volumen irregular, los 35 apartamentos varían en tamaño (desde los 250 a los 650 m²) y en distribución. También se incluyen áreas de esparcimiento, como una piscina, un gimnasio y un *spa*. Formalmente, se plantea un desplazamiento de los ocho niveles de viviendas entre ellos, produciendo así terrazas en la fachada oeste y voladizos en la este. Estas franjas horizontales ondulantes se escalonan principalmente en estas orientaciones, pero también al norte y al sur. Están recubiertas con piedra negra, vidrio oscuro y elementos de acero negro, lo que le da un aspecto de montaña oscura que contrasta fuertemente con el entorno urbano.

> *High Park Building* **This lavish mixed-use building, measuring 35,000 square metres, is located on a busy commercial street in San Pedro below the impressive Sierra Madre. It is a 10-storey complex with the first two levels housing commercial venues and the following eight levels housing luxury apartments. The complex also offers four levels of underground parking. The layout consists of an irregular L-shaped curving volume that opens out to the south to create an access plaza. This connects the commercial area with the neighbouring shops, encouraging pedestrian activities. The complex's contemporary design staggers the eight apartment levels to produce terraces facing west and cantilevers on the east façade. Due to the irregular configuration, the 35 apartments vary in size (from 250 square metres to 650 square metres) and have different floor plans. The complex also includes recreational and entertainment areas such as a pool, a gym, and a spa. Its form consists of a series of undulating horizontal bands that stagger predominantly in the east and west, but also in the north and south. These bands are covered with black stone, dark glass, and black steel elements, which make the complex strangely like a dark mountain, sharply contrasting with the surrounding urban environment.**

Edificio Sofía
Ricardo Margain 440,
Valle del Campestre,
San Pedro Garza García
Pelli Clarke Pelli Architects
2012–2015

086 D

Esta torre de uso mixto es un ejemplo de comodidad y riqueza destinado a personas que, a menudo tras sufrir el síndrome del «nido vacío», cambian sus grandes casas en San Pedro por una vivienda en esta torre de 40 pisos. Está ubicada entre el Club Campestre Monterrey y Arboledas, una nueva comunidad urbana diseñada por el mismo arquitecto, cuya intención es crear una comunidad en medio de un bosque. La torre consta de 10 niveles de estacionamientos —siete de ellos subterráneos—, con vestíbulo, servicios y zonas ajardinadas en la base. Los primeros 18 pisos son de oficinas privadas, seguidos por dos plantas de espacios comunes, con servicios como salón de banquetes, *spa*, piscina, etc. En la parte superior se encuentran los 52 apartamentos más exclusivos de la ciudad, que pueden alcanzar hasta tres millones de dólares por 600 m². Los interiores los diseñó la firma SFA, la iluminación HKS Arquitectos y la acústica Cerami & Asociados. El autor de esta forma icónica fue César Pelli, quien animó un simple prisma rectangular mediante una serie de balcones ondulantes, rompiendo la monotonía del muro cortina. El edificio respeta los códigos de construcción estadounidenses y los requisitos para una certificación LEED.

> *Sofía Building This mixed-use tower is the definition of comfort and wealth. It caters to empty nesters who have traded their 1,500 to 2,000 square-meter homes in San Pedro for a unit in this 40-storey tower. It overlooks Club Campestre Monterrey, a wealthy country club, and stands besides Arboledas, a new urban village that the same architect designed with the intention of creating a community among a grove of trees. The tower has ten levels for parking, seven of which are underground, and the ground floor houses a lobby, amenities, and landscaped areas. The first 18 floors are used as premium private offices. Above these are two floors that house further amenities such as a banquet hall,*

a spa, a pool, and other leisure areas. At the top are the 52 most exclusive and expensive apartments in the city. These units can cost up to three million dollars for a living area of 600 square metres. The interiors were by SFA Design, the illumination by HKS Architects, and the acoustics by Cerami & Associates. César Pelli designed the iconic form. He animated a rectangular prism by creating a series of waving balconies - one for each floor - to break the monotony of the curtain wall. The building complies with US building codes and meets LEED requirements.

Edificio corporativo
The Home Depot

087 D

Ricardo Margain Zozaya 605,
Colonia Santa Engracia,
San Pedro Garza García
Pladis Arquitectos
2010–2011

Ubicado en San Pedro, en una zona de gran crecimiento y con propiedades de gran valor inmobiliario, este edificio corporativo aprovecha lo mejor de su entorno a través de un diseño sostenible. Su concepto está inspirado en la arquitectura vernácula de la región, con una serie de estrategias de diseño pasivas, como la utilización de una doble piel de vidrio como fachada ventilada. La transparencia del revestimiento permite vistas al este —hacia el más exclusivo club de campo de la ciudad— y al sur, hacia la impresionante Sierra Madre. Consta de tres niveles de estacionamientos subterráneos, una planta baja de doble altura con un vestíbulo abierto y seis niveles de oficinas. Estos están escalonados hacia el sur, creando una serie de terrazas abiertas que amortiguan la luz del sol a la vez que mantienen las distancias mínimas requeridas por la ley a las casas colindantes. Las fachadas principales están moduladas siguiendo un patrón reticular, de manera que esta doble piel acristalada logra una expresión estética, además de su función energética.

> *Home Depot Headquarters* This corporate building, located in San Pedro in a rapidly growing area with valuable properties, makes the best of its surroundings while pursuing a sustainable design. The concept, inspired by the region's vernacular architecture, is based on passive design strategies. A double-glazed skin ventilates the façade. The transparency enables views of the grounds of the city's most exclusive country club towards the east and of the impressive Sierra Madre towards the south. The building consists of three underground levels for parking, a double-height ground floor with an open lobby, and six office floors. These floors are staggered on the southern side of the building, creating open terraces that buffer the sunlight while maintaining the required distance to neighbouring houses. The main façades have a net-like pattern. The technical double-glazed skin characterises the building's aesthetic expression.

Complejo Punto Central
Avenida de la Industria 300,
San Pedro Garza García
Landa Arquitectos,
García Arquitectos;
Harari Landscape Architecture
2005–2008

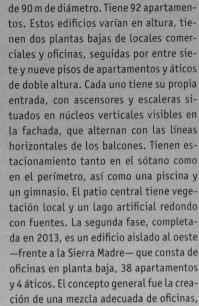
088 D

Este complejo de uso mixto está en una zona de moda de San Pedro, apartada de las principales avenidas. La construcción se llevó a cabo en dos fases, desarrolladas en una superficie de 7,8 hectáreas. La primera fase, terminada en 2008, comprende varios edificios unidos creando un anillo en torno a un patio abierto de 90 m de diámetro. Tiene 92 apartamentos. Estos edificios varían en altura, tienen dos plantas bajas de locales comerciales y oficinas, seguidas por entre siete y nueve pisos de apartamentos y áticos de doble altura. Cada uno tiene su propia entrada, con ascensores y escaleras situados en núcleos verticales visibles en la fachada, que alternan con las líneas horizontales de los balcones. Tienen estacionamiento tanto en el sótano como en el perímetro, así como una piscina y un gimnasio. El patio central tiene vegetación local y un lago artificial redondo con fuentes. La segunda fase, completada en 2013, es un edificio aislado al oeste —frente a la Sierra Madre— que consta de oficinas en planta baja, 38 apartamentos y 4 áticos. El concepto general fue la creación de una mezcla adecuada de oficinas, comercios y apartamentos de lujo rodeado de vegetación y vistas a las montañas.

> *Punto Central* This mixed-use complex is in a fashionable and expensive area of San Pedro, secluded from the main avenues. Construction took place in two stages on a site measuring 7.8 hectares. The first stage, completed in 2008, led to a concrete structure with 92 apartments. Various apartment buildings are joined together to form a ring around an open, circular space, 90 metres in diameter. These buildings have different heights and offer commercial and office spaces on the first two floors, apartments in the next seven, eight, or nine floors, and double-height penthouses on the top floor. Each building has its own entrance, elevators, and staircases as vertical elements on the façade. The complex offers parking spaces underground and on the perimeter and also features a pool and gym. The central open space has local vegetation and features a round artificial lake with fountains. The second stage, completed in 2013, created an isolated building to the west, facing the Sierra Madre, that consists of offices on the ground floor, 38 apartments, and four penthouses. The concept was to create an adequate mix of offices, shops, restaurants, and deluxe apartments surrounded by vegetation and with views of the mountains.

Planetario Alfa
Roberto Garza Sada 1000,
Colonia Carrizalejo,
San Pedro Garza García
Fernando Garza,
Samuel Weiffberger,
Efraín Alemán
1978, 1998

089 D

Inaugurado en 1978, este edificio —financiado por el Grupo Alfa y su presidente Bernardo Garza Sada— se convirtió en el primer centro cultural de Monterrey. Está ubicado en San Pedro, en un complejo de 2.500 m² que consta de varias estructuras dispersas en un área verde. El edificio principal es el planetario, una estructura con forma cilíndrica y una inclinación de 63 grados hacia el norte, 40 m de diámetro y 34 m en su altura máxima. La estructura de hormigón está recubierta con aluminio estriado, lo que le da un carácter futurista congruente con su estilo tardomoderno. La entrada, en forma de túnel, evita la perforación del cilindro e introduce al visitante en un vestíbulo abierto de cinco pisos con el mural *El espejo* de Manuel Felguérez. Las cinco plantas tienen diversas exposiciones interactivas y su centro es una sala de proyección IMAX hemisférica con casi 400 asientos. En 1980, se introdujo un aviario y un jardín precolombino con réplicas de monumentos arqueológicos. En 1988, una estructura de bóveda de cañón, conocida como El Pabellón, abrió sus puertas para

albergar un sorprendente vitral de 58 m², *El universo* de Rufino Tamayo. En 1994, se creó el Jardín de las Ciencias y en 1998 se agregó un observatorio astronómico.

> *Planetario Alfa* This building was inaugurated in 1978. It was sponsored by Grupo Alfa and its president Bernardo Garza Sada to become the first cultural centre in Monterrey. It is in a 2,500-square-metre complex located in San Pedro and consists of several structures dispersed in an open green area. The main building is El Planetario, a simple, cylindrical structure with an inclination of 63 degrees towards the north, 40 metres in diameter, and with a maximum height of 34 metres. Its concrete structure is covered with grooved aluminium, which gives it a futuristic appeal congruent with its late modernist style. Its tunnel-like entrance stops short of piercing the cylinder and takes visitors to an open five-storey lobby with a mural entitled 'El Espejo' by Manuel Felguérez. The five floors house various interactive exhibitions, and in the centre is a hemispheric IMAX projection auditorium with nearly 400 seats. In 1980, an aviary was introduced along with a pre-Columbian garden with replicas of archaeological monuments. A barrel-vault structure, 'The Pavilion', was opened in 1988 for the purpose of housing a stunning 58-square-metre stained-glass window entitled 'The Universe' by Rufino Tamayo. In 1994, an interactive garden named 'Jardin de las Ciencias' was created, and in 1998 an astronomical observatory was added.

Parroquia de Nuestra Señora Reina de los Ángeles

090 D

Roberto Garza Sada 300,
Colonia Valle San Ángel,
San Pedro Garza García
Roberto Chapa
1996

Esta iglesia está ubicada en un barrio residencial en San Pedro. Su autor plantea un enfoque posmoderno, basado en el contexto físico y sociocultural. Inspirada en la arquitectura vernácula del nordeste de México y con una geometría clara, el diseño parte de un cuadrado perfecto con un patio central que organiza las distintas partes de este complejo. La iglesia, colocada en la esquina sudeste, tiene una planta cuadrada con la torre del campanario —el punto más alto— en la esquina nordeste, coincidiendo con el centro del complejo. Su entrada está en la esquina opuesta y el techo a dos aguas tiene una cumbrera diagonal que se inclina desde la torre del campanario hacia la entrada. Alrededor del patio se encuentran las oficinas administrativas y otros servicios. Sigue un estilo vernáculo, con techos inclinados con teja naranja y paredes de color ocre. La característica más impresionante es el techo de la iglesia, que termina en un campanario en forma de linterna. El interior tiene acabados rústicos en tonos ocres y detalles en madera que le dan una atmósfera cálida y acogedora, de acuerdo con su entorno.

> *Parroquia de Nuestra Señora Reina de los Ángeles This church is in a residential neighbourhood in San Pedro Garza García. The architect claims to have taken a postmodern approach rooted in a physical and socio-cultural context. He was inspired by the vernacular architecture of north-eastern Mexico and pursued a geometrical sense of order. The layout of this church is based on a perfect square with a central courtyard. The church, placed on the south-eastern corner, has a square floor plan with its highest point, the bell tower, on its north-eastern corner, coinciding with the centre of the whole complex. Its entrance is on the opposite corner and its gable roof has a diagonal ridge line that rises from the entrance to the bell tower. The administrative offices and other facilities are located around the courtyard. The architectural language is vernacular with slanted roofs made of orange tiles and with ochre-coloured walls. The most impressive feature is the church's roof, which rises to join a lantern-shaped bell tower. On the inside, the church has rustic finishes in ochre hues and wooden details that give it a warm cosy feel that blends in well with its surroundings.*

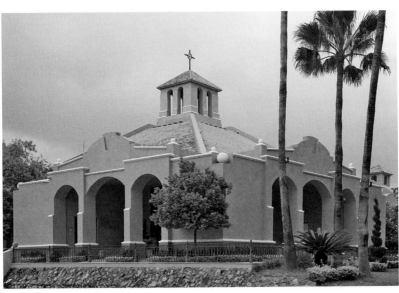

Santuario de Nuestra Señora de Fátima

091 D

Río Tíber s/n.,
Colonia del Valle Sector Fátima,
San Pedro Garza García
Eduardo Padilla, Porfirio Ballesteros
1959–1960

Situada en un punto focal de la calzada San Pedro, esta iglesia desempeña un papel urbano clave en el plan maestro de la colonia del Valle. Se colocó estratégicamente allí en los años cincuenta, junto con dos escuelas, para atraer a futuros habitantes y garantizar el éxito de este nuevo suburbio. Su autor creó un diseño magnífico con una gran luz, mediante cascarones de hormigón como solución vanguardista inspirada tal vez en Félix Candela y Enrique de la Mora. La forma satisface los requisitos funcionales y religiosos de una iglesia a través de una expresión innovadora que realza el entorno y crea un ambiente espiritual en el interior. Se trata de una planta simétrica de una sola nave, creada por seis pares de paraboloides hiperbólicos que se unen creando un eje central. El quinto par es más ancho para asemejarse a un crucero. La fachada principal tiene un delgado pórtico en voladizo, con una escultura de la Virgen de Fátima en la parte superior, flanqueado por dos esbeltos campanarios. Los interiores son espaciosos, en tonos ocres debido a los vitrales.

> *Santuario de Nuestra Señora de Fátima*
This church has a privileged location, at the focal point of Calzada San Pedro, and plays a key urban role in the masterplan of Colonia del Valle. It was strategically placed there in the 1950s, along with two schools, to attract future inhabitants and ensure the success of this new suburb. The architect created a magnificent design with a huge span using concrete shell roofs as the ideal avant-garde solution, inspired perhaps by Félix Candela and Enrique de la Mora. It satisfies the functional requirements of a church and has an appropriate religious appearance with an innovative expression that enhances its surroundings and creates a spiritual atmosphere in its interior. It consists of a symmetrical rectangular layout with a single nave created by six pairs of hyperbolic paraboloid structures that are joined to form a central axis. The fifth one is wider so that it resembles a transept. Its main façade displays a slim cantilever portico with a sculpture of the Lady of Fatima on top, flanked by two stylised bell towers. The interiors are lofty and light, presenting ochre hues with the stained-glass windows.

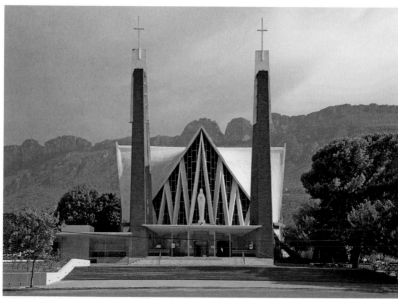

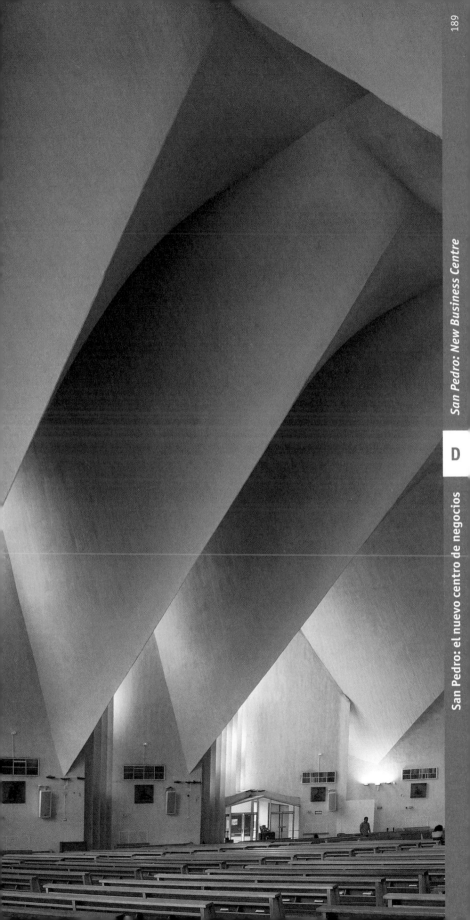

D

San Pedro: el nuevo centro de negocios

Colegio Labastida

José Vasconcelos 110,
Colonia del Valle Sector Fátima,
San Pedro Garza García
Enrique de la Mora
1948–1952

092 D

Este colegio está localizado en la colonia del Valle, un área suburbana moderna que requería instalaciones educativas y religiosas. El santuario de Nuestra Señora de Fátima fue colocado como remate de una de sus calzadas, con el Colegio Franco Mexicano y el Colegio Labastida a ambos lados. El proyecto, iniciado en 1948, es obra del autor de la iglesia La Purísima y del Tec de Monterrey. Su moderna organización espacial, en una *supermanzana*, está formada por tres edificios alargados y paralelos entre sí, atravesados por un corredor central que los une de norte a sur. La edificación ubicada al norte corresponde a la primaria, seguido por la preparatoria al oeste, la capilla al este y, por último, dos alas de dormitorios al sur unidos por un comedor central. Su racionalidad formal y estructural, está regida por las vigas y columnas de hormigón armado y los muros de ladrillo. La escuela primaria tiene elementos modernos, como escaleras exteriores con peldaños en voladizo y las lamas en los extremos que también aparecen en los edificios del Tec de Monterrey. El colegio se caracteriza por una impresionante entrada, marcada por un techo en voladizo de grandes dimensiones soportado por cinco enormes columnas de hormigón.

> *Colegio Labastida* This school is situated in Colonia del Valle, a modern suburban neighbourhood that was in need of educational and religious facilities. This is why Iglesia Fátima was built at the end of one of its main avenues, with the Franco Mexicano School and the Colegio Labastida on each side. Construction began in 1948, and the building was designed by the author of the church Iglesia La Purísima and of Tec de Monterrey. The school has a modern spatial arrangement, occupying a mega-block, and consists of three elongated main buildings that are parallel to each other and are linked by a central corridor that runs from north to south. The primary school is to the north, the high school to the west, the chapel to the east, and finally, two dormitory wings linked by the central dining room to the south. The school's structural and formal rationality is governed by its reinforced concrete columns, beams, and brick walls. The primary school features modern elements such as external staircases with cantilevered steps and brise soleils, like the buildings of Tec de Monterrey. The school is characterised by its impressive entrance, which is covered by a cantilever roof supported by five huge concrete columns.

Complejo Plaza 02 Vasconcelos 093 D

José Vasconcelos 150,
Colonia del Valle,
San Pedro Garza García
Landa Arquitectos,
García Arquitectos; Joseph Dirand
(interiorismo hotel / hotel interior design)
2008

Este complejo de 40.000 m² de uso mixto está ubicado en San Pedro y ofrece una innovadora mezcla de tiendas, restaurantes, apartamentos y un *hotel boutique*. Su diseño consiste en una estructura circular con corredores abiertos que rodean un espacio central. Las tiendas se encuentran en los dos primeros pisos y los restaurantes en la planta baja, con zonas para sentarse en el centro y en los jardines laterales. En los pisos superiores se encuentran apartamentos de una y dos alturas. Los núcleos de escaleras y ascensores están ubicados en los extremos de los pasillos. El uso de hormigón a la vista y acabados en acero y madera denotan un carácter industrial contemporáneo. El hotel es un volumen exento y ovalado, elevado sobre sus dos núcleos verticales de hormigón —donde se encuentran ascensores y servicios— creando un marco de entrada. Bajo este marco está la recepción del hotel, que consiste en un cubo aislado de vidrio y hormigón. Sus siete pisos ofrecen 39 habitaciones, un restaurante

y una terraza con espectaculares vistas de la ciudad. El interiorismo del hotel es obra de Joseph Dirand, con patrones monocromáticos siguiendo su característico estilo en escala de grises.

> *Plaza 02 Vasconcelos This mixed-use 40,000-square-metre complex, located on a busy street in San Pedro, offers an innovative mix of shops, restaurants, apartments, and a boutique hotel. Its layout consists of a circular structure with open corridors surrounding a central open area. The shops are on the first two floors while the restaurants remain on the ground floor with their seating areas spilling out into the open, central space and side gardens. One- and two-storey apartments are on the top floors with open corridors overlooking the centre. Staircases and elevators are located on the corridors, one on each side. The use of raw concrete, steel, and wooden finishes creates a contemporary, industrial character. The hotel is a free-standing oval-shaped volume suspended over the entrance of the compound by a frame made of two vertical concrete elements that house elevators and equipment. Under the frame is the hotel's reception made of an isolated cube of glass and concrete. The seven floors offer 39 hotel rooms, a restaurant, and a roof terrace with spectacular views. Hotel Habita was decorated by Dirand with monochromatic patterns in line with his characteristic greyscale style.*

Centro comercial Calzada 401 094 D

Calzada del Valle 401,
Colonia del Valle,
San Pedro Garza García
Landa Arquitectos, García Arquitectos
2004–2006

Este centro comercial al aire libre se encuentra en la calzada del Valle, una de las principales avenidas del suburbio de San Pedro. Consta de tres edificios comerciales de tres pisos, dos de los cuales forman una «L», con escaleras eléctricas y amplios corredores en su intersección. El otro volumen está aislado, pero se conecta en la planta superior a través de un puente de acero. Juntos forman un cuadrángulo que se abre hacia el sur, frente a la avenida principal y la Sierra Madre. Dentro de este espacio se encuentra un estacionamiento en superficie, que también conduce a la entrada del aparcamiento subterráneo de dos plantas. La estructura de acero, hormigón a la vista, vidrio y granito denota la preferencia del autor por el uso honesto y simple de los materiales. Los tonos monocromáticos de los elementos y la ausencia de adornos dan a este popular complejo un aspecto industrial. Los toldos ligeros del piso superior, de grandes dimensiones, están apoyados en cables de acero, y sombrean el piso donde se encuentran los restaurantes de moda, con las mejores vistas de las montañas.

> *Calzada 401 This outdoor shopping centre is located on Calzada del Valle, one of the main streets of the suburb of San Pedro. It consists of three commercial buildings, three storeys tall, two of which form an 'L' shape and are linked by a set of escalators and wide corridors. The other commercial building is free-standing and linked to the others on the top floor by an open steel bridge. Together they form a quadrangle that opens out to the south, facing the main avenue and the Sierra Madre. Inside the quadrangle is the parking lot that also leads to the entrance of a two-storey underground parking area. The architect opted for simple, honest materials for the structure: exposed concrete, steel, glass, and granite. The monochrome hues of the raw materials and the absence of ornaments give this popular complex an industrial look. Big, light-weight awnings supported by steel cables shade the upper floor where trendy restaurants are located, enabling views of the mountains.*

**Edificio de Bioconstrucción
y Energía Alternativa**
Río Mississippi Oriente 347,
Colonia del Valle,
San Pedro Garza García
ODA (Oficina de Arquitectura)
2010

095 D

Ubicado en el «centrito» de San Pedro, este edificio es la sede de la empresa que lleva el mismo nombre, considerada un verdadero paradigma de la sostenibilidad. Originalmente era una vivienda y se adaptó a sus nuevas necesidades con una recepción, una sala de exposiciones, una sala de reuniones, una oficina para el director, una terraza en la azotea, así como una cocina y baños con duchas, todo en 507 m². Fue terminado en el 2010, y combina las últimas tecnologías, materiales y procesos constructivos para convertirse en un edificio de alto rendimiento, eficiencia energética, bajas emisiones de carbono y capaz de cubrir sus propias necesidades de agua. En el año 2015 recibió una certificación LEED Platino por incorporar más de una docena de estrategias ambientales en un edificio existente. Esta construcción, al mantener la escala original, es respetuosa con el barrio suburbano en que se encuentra, pero las ventanas de doble vidrio, el revestimiento de aluminio, los paneles solares, el molino de viento, el techo verde y los estacionamientos para bicicletas contrastan con el entorno y contribuyen a la cambiante morfología de esta zona.

> *Edificio de Bioconstrucción y Energía Alternativa* Located in the Centrito neighbourhood of San Pedro, this office building serves as the headquarters of the firm that bears the same name and is an exemplary model of sustainability. It was initially a house but was transformed into an office building with a reception, a showroom, a meeting room, a director's office, a roof terrace for various events, a kitchen, and bathrooms with showers, all within an area of just 507 square metres. It was completed in 2010 as part of a unique project that combined the latest technologies, materials, and construction processes. The result is a high-performance, smart-energy building with low carbon emissions that can autonomously meet its own water needs. In 2015, the building received the LEED Platinum Certification, a category reserved for existing buildings, in recognition of its incorporation of more than a dozen environmental strategies. This building is respectful towards the suburban neighbourhood, in that it has kept its original scale. But the double-glazed windows, aluminium cladding, solar panels, windmill, green roof, and bicycle racks contrast with the surroundings and thus contribute to the changing morphology of the area.

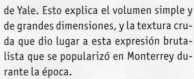

Auditorio San Pedro

Humberto Lobo/
Ignacio Morones Pietro,
Colonia del Valle,
San Pedro Garza García
Andrés González-Arquieta,
Juan Villarreal, Jorge Albuerne
1982

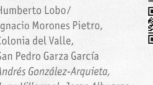

096 D

Este auditorio fue construido en un sitio designado como centro cultural y recreativo de San Pedro Garza García. Fue patrocinado por el gobernador Alfonso Martínez Domínguez, quien también mandó construir la Macroplaza en el centro de la ciudad. Fue concebido como un volumen geométrico puro, un cubo con una de sus esquinas más alta, creando un techo inclinado que facilita las actividades detrás del escenario. Sus entradas fueron cuidadosamente camufladas para evitar perforar el volumen. El vestíbulo corre interiormente por dos de sus lados, dando acceso a las butacas, organizadas siguiendo una distribución continental. Uno de los miembros del equipo de diseñadores, el arquitecto Andrés González-Arquieta, fue alumno de Paul Rudolph en la Universidad de Yale. Esto explica el volumen simple y de grandes dimensiones, y la textura cruda que dio lugar a esta expresión brutalista que se popularizó en Monterrey durante la época.

> *Auditorio San Pedro* **This auditorium was built on a site designated as the cultural and recreational centre of San Pedro Garza García. It was sponsored by the governor Martínez Domínguez, who also created the Macroplaza in the city centre during his administration. It was designed as a pure geometrical cube, though one of its corners is higher than the rest. The roof thus has a diagonal slant – a structural trait that was required for the smooth operation of the backstage. The architects carefully camouflaged the entrance in order to avoid piercing the building's volume. The foyer runs along two sides of the interior, giving access to the auditorium's continental seating arrangement. One of the architects, Andrés González-Arquieta, studied under Paul Rudolph at Yale University. This explains the building's rough texture, simple form, and large dimensions – elements of the brutalist style, which was popular in Monterrey at the time.**

Centro Roberto Garza Sada de Arte, Arquitectura y Diseño, Universidad de Monterrey

097 D

Campus UDEM,
Ignacio Morones Pietro 4500,
Colonia del Valle,
San Pedro Garza García
Tadao Ando
2008–2013

Este centro fue diseñado por Tadao Ando —ganador del premio Pritzker— en honor a Roberto Garza Sada, un empresario, filántropo y entusiasta del arte. Se encuentra en el límite occidental del Campus UDEM, en una árida colina de la Sierra Madre. Sus seis pisos y 13.115 m² de construcción fueron especialmente diseñados para las escuelas de arquitectura, arte y diseño, con innovadores aulas, talleres, laboratorios y salas de exposición. El volumen es un colosal prisma rectangular monolítico en hormigón a la vista. Las largas fachadas orientadas a norte y sur rotan diagonalmente respecto a la parcela, como alejándose del resto del campus. La simplicidad volumétrica se rompe con un impresionante pliegue que levanta la parte inferior de este volumen para crear una entrada, conocida como *La puerta de la creación*. Este pliegue se logra a través de un complejo diseño en hormigón similar a un abanico japonés o la vela de un barco. El exterior es sencillo y contrasta con el complejo interior. Los dos primeros pisos están separados por el pliegue de la entrada y se unen en el tercer piso. El interior está lleno de sorpresas como patios abiertos, escaleras y estructuras suspendidas.

> *Centro Roberto Garza Sada This building was designed by a Pritzker prize-winning architect in honour of Roberto Garza Sada, an entrepreneur, philanthropist, and art enthusiast, on the western edge of the UDEM*

campus, on a barren hillside of the Sierra Madre. It was designed specially for the school of art, design, and architecture with innovative classrooms, workshops, laboratories, and exhibition halls on six floors and an area of 13,115 square metres. It is a monolithic cuboid made of raw concrete with monumental proportions. The long structure stretches diagonally across its own block, as if tilting away from the rest of the campus to its east. An impressive pleat-shaped structure raises the bottom of the volume to create an archway-cum-entrance that inspired the name 'The Gate of Creation'. This pleat structure was created with a complex and elaborate concrete design that folds like a Japanese fan or boat sail. The interior, in contrast to the exterior, is complex: the first two floors are separated by the arch and reconnect on the third floor, and the inside is full of surprises such as open patios, staircases, and suspended structures.

Torre LOVFT
Francisco Villa 123,
Colonia El Paraíso,
Santa Catarina
Vidal Arquitectos
2008–2010

098 D

Esta moderna torre está ubicada en Santa Catarina, un municipio industrial situado al oeste de San Pedro Garza García y que forma parte del área metropolitana de Monterrey. Se espera que este edificio —junto con la embajada de los Estados Unidos, el Colegio Americano y el reciente Vía Cordillera, un proyecto urbano de uso mixto— incentive el desarrollo de esta zona conocida como Valle Poniente. La torre alcanza los 133 m de altura, con 32

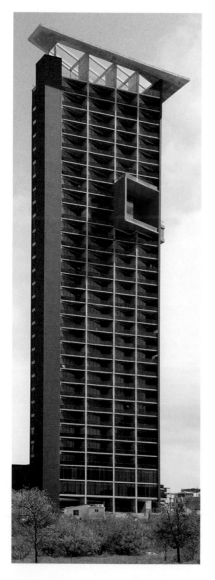

pisos de apartamentos de una sola habitación que van desde los 48 a los 66 m². El concepto de partida fue la creación de pequeños apartamentos en las alturas, con siete viviendas diferentes en cada piso. El edificio ofrece diversos equipamientos, como una piscina con terraza, una cafetería, un gimnasio, una terraza panorámica y un *sky lounge,* un bar parcialmente abierto con magníficas vistas. La torre tiene una apariencia esbelta, debido principalmente a su base triangular, y en los pisos superiores dos marcos rojos atraviesan su volumen. En la fachada oeste el marco ocupa dos pisos de altura y alberga la terraza panorámica, mientras que en la fachada sur se convierte en un rectángulo de una sola planta donde está ubicado el bar. La característica más atractiva de este edificio es la extraordinaria vista que ofrece al cañón de la Huasteca y la Sierra Madre.

> *Lovft Tower This trendy apartment tower is situated in Santa Catarina, an industrial municipality that is located to the west of San Pedro and is considered to be part of Monterrey's metropolitan area. This building – along with the American embassy, the American School, and Via Cordillera, an extensive urban mixed-use project – is expected to incentivise and drive the development of this area known as Valle Poniente. The tower has a height of 133 metres and features 32 floors of studio apartments with floor areas ranging from 48 square metres to 66 square metres. The concept behind the project was to create studio apartments up in the sky in such a way that there are seven different interior arrangements on each floor. The building also offers a number of different amenities, which include a pool, a pool terrace, a café, a gymnasium, a panoramic terrace, and a sky lounge. Formally, the tower looks very slender due to its triangular base and has two red frames that pierce through the upper section of the tower's volume. The two-storey frame on the west façade is in the form of a square and houses the panoramic terrace, while the one-storey frame on the south façade is rectangular and houses the sky lounge. The tower's most appealing feature is the extraordinary views it offers of the La Huasteca canyon and the Sierra Madre.*

CEDIM, Centro de Estudios Superiores de Diseño de Monterrey

099 D

Antiguo camino a la
Huasteca 360, Santa Catarina
a|911, Fernanda Canales
2006–2008

Esta escuela fue el resultado de un concurso. El diseño propuesto por el arquitecto respondía al predio y proporcionaba una imagen vanguardista para una escuela de diseño. El edificio, de más de 5.000 m², está emplazado junto al río Santa Catarina, en un llano desierto frente a las impresionantes montañas de La Huasteca. La forma casi cuadrada de esta construcción de dos pisos podría haber asemejado un gran taller, debido a su estructura de acero revestida con chapas metálicas acanaladas. Sin embargo, tiene tres incisiones que hábilmente rompen la fachada principal en cuatro volúmenes cúbicos. Esta misma solución fue aplicada también en la fachada posterior que da al río. Estas incisiones crean pequeñas plazas, siendo una de ellas la entrada principal del edificio. Cada uno de los volúmenes cúbicos formados es diferente, debido a la variedad de sus aberturas, que dan respuesta a las diversas funciones académicas o administrativas. En el interior, la atmósfera es la de una «industria de creación artística», reforzada por los ductos de aire acondicionado expuestos y la estructura de acero a la vista.

> *CEDIM This building was the result of a competition. The architect created a design concept that responds to the site and provides the image of an avant-garde design school. The building is in a deserted plane along the Santa Catarina River and in front of the impressive La Huasteca mountains. The almost square-shaped, two-storey building measures over 5,000 square metres and could well have looked like a large warehouse due to its steel structure clad with corrugated sheet metal. Instead, it has three incisions on its main façade that cleverly break it into four distinct cubic volumes. The same solution was also given to the back façade facing the river. These incisions create open areas, rather like small plazas, one of which is the main entrance of the building. The cubic volumes are all different from one another, due to their openings, responding to their various academic or administrative functions. The atmosphere inside is that of a creative factory for artists, precipitated by the exposed air ducts and steel structure.*

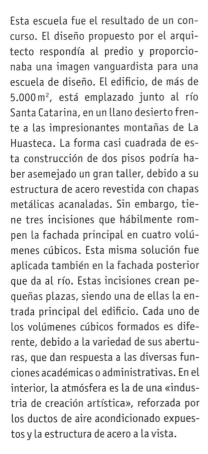

**Viviendas sociales
Las Anacuas**
Las Anacuas 204, Colonia
Prados de Santa Catarina,
Santa Catarina
ELEMENTAL
2010–2011

100 **D**

Este proyecto es obra de la empresa chilena Elemental, encabezada por Alejandro Aravena. Fue encargada por el INFONAVIT —el Instituto del Fondo Nacional de la Vivienda para los Trabajadores—, que requería 70 viviendas en un barrio de bajos ingresos al oeste del área metropolitana de Monterrey. El concepto parte de la idea de crear una estructura básica de 40 m², que cada propietario puede ampliar hasta 76 m² por medio de la auto-construcción. Utiliza un módulo de tres pisos que consta de dos viviendas en planta baja y tres apartamentos de dos pisos en la parte superior. Los apartamentos están separados por un vano de 3 m abierto que puede cerrarse para obtener más habitaciones. El proyecto responde al tejido urbano y respeta la configuración de su manzana rectangular, al colocar cinco módulos al este, cinco al oeste, y un módulo tanto al norte como al sur. Esto cierra la manzana en todo su perímetro y permite tener un espacio verde en el centro. Otros dos módulos se colocaron en la manzana más próxima. La construcción es sencilla, de bloques y losas de hormigón con acabados modestos, pero presenta una imagen contemporánea definida por el techo de doble altura y las delgadas escaleras exteriores que dan acceso al primer piso.

> *Las Anacuas Social Housing* This project was commissioned by the National Workers' Housing Fund Institute (INFONAVIT) with the aim of creating 70 housing units in a low-income neighbourhood in the west of Monterrey's metropolitan area. The Chilean firm Elemental, headed by Alejandro Aravena, carried out the project. The concept was to create a framework in which the residents could expand their housing units through a DIY construction approach. As

such, only 40 square metres of each unit were built as part of the project; each resident can expand his or her unit to an area of up to 76 square metres. The development consists of three-storey modules, each of which has two ground-floor apartments and three two-storey apartments on top. Adjacent appartments are separated by a three-metre gap, in which future rooms can be built. The modules blend in with the urban environment and are arranged harmoniously within the rectangular block: five modules in the east, five in the west, one in the north, and one in the south. This closes off the perimeter of the block, creating a green space in the middle. Two other modules were placed in an adjacent block. The construction method was simple, based on concrete blocks and slabs with very modest finishes. But the development has a contemporary look created by its double-height roof and slender exterior staircases.

Listado de arquitectos y colaboradores

Los números corresponden a los códigos de proyecto

Index of Architects and Collaborators

Numbers indicate the project number

Listado de edificios

Los números corresponden a los códigos de proyecto

Index of Buildings

Numbers indicate the project number

Bibliografía / Bibliography

Compiani González, Alberto; Cavazos Pérez, Víctor Alejandro; Lazcano Gómez, Ricardo; Prieto González, José Manuel: *Recorridos Culturales 4*. Monterrey 2014

Barragán Villareal, Juan Ignacio: *Arquitectos del Noreste*. Editorial Orbis, Monterrey 1992

Cantú Silva, Marcos; Marroquín Cavazos, Susana; Loredo Macías, Sergio: *Escuela Industrial y Preparatoria Técnica Álvaro Obregón: 75 Aniversario*. Editorial Universitaria UANL, Monterrey 2005

Casas García, Juan Manuel; Cavazos Pérez, Víctor Alejandro: *Panteones de El Carmen y Dolores: patrimonio cultural de Nuevo León*. Fondo Editorial de Nuevo León, Monterrey 2009

Casas García, Juan Manuel; Covarrubias Mijares, Rosana; Peza Ramírez, Edna Mayela: *Concreto y efímero: catálogo de arquitectura civil de Monterrey 1920–1960*. Consejo para la Cultura y las Artes de Nuevo León, Monterrey 2012

Casas García, Juan Manuel; Ledesma Gómez, Rodrigo; Prieto González, José Manuel; Valdez Fernández, Benjamín: *Recorridos Culturales 1*. Monterrey 2013

del Cueto Ruiz-Funes, Juan Ignacio: *Guía Candela*. Arquine, Ciudad de México 2013

Elizondo Elizondo, Ricardo: *El Tecnológico de Monterrey: relación de 50 años*. Instituto Tecnológico y de Estudios Superiores de Monterrey, Monterrey 1993

González Pozo, Alberto: *Enrique de la Mora, vida y obra*. Secretaría de Educación Pública, Instituto Nacional de Bellas Artes, México 1981

Kliczkowski, Hugo; Asensio Cerver, Francisco; Legorreta, Lourdes: *Legorreta + Legorreta*. Loft Publications, Barcelona 2004

Mancillas Hinojosa, Ana Cristina: *Guía de Patrimonio Arquitectónico de Nuevo León*. Consejo Nacional para la Cultura y las Artes, Monterrey 2009

Mendirichaga Dalzell, José Roberto: *Guía sintética de la Catedral de Monterrey*. Editorial Universitaria UANL, Monterrey 2016

Mendirichaga, Tomás; Mendirichaga, Xavier: *La Catedral de Monterrey*. Emediciones, Monterrey 1990

Romero Moreno, Gilberto: *Tendencias Actuales de la Arquitectura Mexicana*. Editorial UniSon, México 2005

Trulove, James Grayson: *The Architecture of Gilberto L. Rodriguez*. Grayson Publishing, Washington D.C. 2011

Créditos fotográficos / Photo Credits